Schreiben in Alltag und Beruf

Intensivtrainer A2/B1

von
Christian Seiffert

Langenscheidt

Berlin · München · Wien · Zürich · New York

von Christian Seiffert

Redaktion: Annerose Bergmann und Hedwig Miesslinger
Umschlagfoto: Sibylle Freitag
Illustrationen: Theo Scherling

Quellenverzeichnis:
S. 6   Briefkopf Joh. Johannsen – mit freundlicher Genehmigung der Firma Joh. Johannsen
       Bauunternehmen GmbH & Co. KG
       Briefkopf GVK – mit freundlicher Genehmigung der Gesellschaft für Verhaltens-
       kommunikation mbH
S. 23 Foto links: Olena Kucherenko/Shutterstock
       Foto rechts: Sibylle Freitag
S. 25 Foto: Annerose Bergmann
S. 31 Zeichnung: Nikola Lainovic
S. 32 Foto oben links: Albert Ringer
       Foto oben rechts: Christian Seiffert
       Foto unten links: Shutterstock
       Foto unten rechts: Hedwig Miesslinger
S. 36 Foto links: Sam Chadwick/Shutterstock
       Foto rechts: Albert Ringer
S. 39 Bestellformular und Fotos aus Produktkatalog – mit freundlicher Genehmigung der Firma
       Office DEPOT
S. 40 Foto: Sibylle Freitag
S. 49 Foto: Sibylle Freitag
S. 66 Foto: Annerose Bergmann

Umwelthinweis: gedruckt auf chlorfrei gebleichtem Papier

© 2009 Langenscheidt KG, Berlin und München

Satz: kaltnermedia, Bobingen
Druck: CS-Druck CornelsenStürtz, Berlin
Bindung: Stein + Lehmann, Berlin
Printed in Germany

ISBN: 978-3-468-49156-6

10030

Benutzungshinweise

Bitte lesen!

Der Intensivtrainer „Schreiben in Alltag und Beruf" möchte Ihnen helfen, schriftliche Aufgaben in Ihrem Berufs- und Alltagsleben korrekt zu erledigen. Der Intensivtrainer behandelt die wichtigsten Textsorten im beruflichen Zusammenhang. Viele dieser Textsorten begegnen Ihnen aber auch in Ihrem privaten Alltag: Sie möchten z. B. eine Bestellung bei einem Versandhaus machen oder eine Firma um einen Kostenvoranschlag für den Einbau einer neuen Küche bitten. Oder Sie müssen einen Auftrag stornieren oder eine Lieferung reklamieren. Umgekehrt spielen Textsorten aus dem persönlichen Bereich eine wichtige Rolle im Berufsleben: Glückwunschkarten zum Geburtstag oder zur Hochzeit, Urlaubsgrüße oder Genesungswünsche an einen erkrankten Kollegen tragen viel zu einem guten Arbeitsklima bei und sind in vielen Teams üblich. „Schreiben in Alltag und Beruf" konzentriert sich aber in erster Linie auf formelle Textsorten, da für diese Textsorten bestimmte Regeln gelten, die Sie beachten sollten.

Sie können mit dem Material alleine arbeiten, wenn Sie Deutsch mindestens bis zum Niveau A2 oder B1 gelernt haben. Man kann das Buch aber auch in einem Deutschkurs als Zusatzmaterial einsetzen.

Sie können „Schreiben in Alltag und Beruf" vom Anfang bis zum Ende bearbeiten. Sie können aber auch einzelne Kapitel oder Textsorten auswählen. Die thematischen Kapitel sind in Sequenzen (A, B, ...) unterteilt. In den Sequenzen stehen unterschiedliche Übungen zum Wortschatz, zum Textsorten-Verständnis und natürlich zum Schreiben. Für die Wortschatz-Aufgaben sollten Sie ein Wörterbuch bereitlegen. Einen Lösungsschlüssel für die Übungen finden Sie am Ende des Buches. Dort finden Sie zum Teil auch Mustertexte für die offeneren Aufgaben. In den Sequenzen gibt es zusätzlich zu den Übungen viele Tipps für die Praxis.

Viele Aufgaben müssen Sie außerhalb des Buches erledigen. Wenn Sie die Übungen mit Stift und Papier machen möchten, sollten Sie sich dazu ein (liniertes) Heft besorgen. So haben Sie alle Texte zusammen und können das Heft auch im (beruflichen) Alltag zum Nachschlagen benutzen. Die meisten Texte werden aber heute am Computer geschrieben. Deshalb ist es sinnvoll, auch die Übungen schon am PC zu schreiben. Sie können dann Ihre Texte leichter verändern und korrigieren, Elemente als Textbausteine oder Vorlagen abspeichern und die Rechtschreibkorrektur Ihres Textverarbeitungsprogramms benutzen.

Viel Erfolg beim Schreiben in Alltag und Beruf wünschen Ihnen
der Autor und Ihr Langenscheidt-Verlag

Inhaltsverzeichnis

A Geschäftsbrief – B Geschäftliche E-Mail

A Geschäftsbrief

1 Lesen Sie den Text.

„Geschäftsbrief" heißen alle Schreiben zwischen Unternehmen oder zwischen Unternehmen und Privatpersonen. Ein Geschäftsbrief kann ein Brief, ein Fax oder eine E-Mail sein. Schreiben innerhalb eines Unternehmens gehören nicht zu den Geschäftsbriefen.

Neben den allgemeinen Geschäftsbriefen zählen auch Auftrag, Bestätigung, Bestellung, Mahnung und Rechnung zu den Geschäftsbriefen. Das Handelsgesetzbuch legt fest, dass ein Geschäftsbrief von Unternehmen bestimmte Informationen (z. B. die Rechtsform der Firma, wie AG, GmbH, KG, und die Handelsregisternummer des Unternehmens) enthalten muss.

Die Teile des Geschäftsbriefes

A: Briefkopf

Im Briefkopf sollen alle Daten enthalten sein, mit denen man den Absender erreichen kann (z. B. Name, Anschrift und Telefonnummer). Der Briefkopf kann unterschiedlich gestaltet werden und existiert in den meisten Firmen schon auf vorgedrucktem Briefpapier. Manchmal befindet sich ein Teil der nötigen Informationen auch am unteren oder seitlichen Rand des Briefvordrucks.

JOH. JOHANNSEN

1906 2006

Joh. Johannsen Bauunternehmen GmbH & Co KG 24885 Sieverstedt

BAUUNTERNEHMEN
MAURER,- ZIMMERER- u. DACHARBEITEN

24885 SIEVERSTEDT / SÜDERSCHMEDEBY
Flensburger Straße 20
Tel. 0 46 38 - 3 35 + 6 91 • Fax 14 84
info@joh-johannsen-bau.de
www.joh-johannsen-bau.de

Bankverbindung:
Nord-Ostsee-Sparkasse
(BLZ 217 500 00) Kto.-Nr. 18 004 569

VR-Bank Flensburg-Schleswig eG
(BLZ 216 617 19) Kto.-Nr. 500143

Gesellschaft für Verhaltenskommunikation mbH
Schillerstraße 14
80336 München
☎ 089 / 54 82 94 46 Fax 089 / 54 82 94 55
info@gvk-muenchen.de

B: Empfängeradresse

Geschäftsbriefe werden in Unternehmen oft zentral geöffnet und dann an die zuständigen Abteilungen und Mitarbeiter verteilt.

Wollen Sie, dass nur eine bestimmte Person den Brief öffnet, dann schreiben Sie den Namen dieser Person ganz an den Anfang der Empfängeradresse. Dann darf der Brief nicht zentral geöffnet werden:

zentrale Öffnung:	persönliche Öffnung:
Nord-Plast AG	Frau
Marketing	Dr. Angelika Müllenbach
Frau Dr. Angelika Müllenbach	c/o Nord-Plast AG
Postfach 11 20	Postfach 11 20
20123 Hamburg	20123 Hamburg

In der Anschrift schreiben Sie alle Titel vor dem Namen (Prof. = Professor, Dr. = Doktor, Dipl.-Ing. = Diplomingenieur). Hinweise zur Versandart (z. B. per Luftpost, per Einschreiben) und Behandlungsvermerke (z. B. vertraulich) stehen vor der Empfängeradresse.

per Einschreiben
Uchtmann GmbH
Herrn
Dipl.-Ing. Ulrich Wieben
Grabbeweg 29
32756 Detmold

C: Bezugszeile

In den Briefvordrucken von Firmen ist diese Zeile meistens schon enthalten. Hier tragen Sie das aktuelle Datum, die eigene Telefonnummer (Durchwahl) und eventuell das Datum eines früheren Briefes ein.

Ihre Nachricht vom	Unsere Nachricht vom	Telefon	Datum
13.07.2009		089/1 29 81 85	16.07.2009

Die im deutschsprachigen Raum übliche Reihenfolge für das Datum ist: Tag, Monat, Jahr: 13.7.2009 / 13.07.2009 oder 13. Juli 2009. Sie können das Datum aber auch in der DIN-Norm mit der Reihenfolge Jahr – Monat – Tag angeben: 2009-07-13.

D: Betreffzeile

Der Empfänger soll durch den Betreff erfahren, welchen Inhalt oder welche Funktion der Brief hat. Die Betreffzeile schreiben Sie fett, aber in der gleichen Schriftart und -größe wie im Rest des Briefes.

E: Anrede

Die Standard-Anrede für Geschäftsbriefe ist „Sehr geehrter Herr ...," oder „Sehr geehrte Frau ..." Wenn Sie den Adressaten nicht persönlich kennen, heißt die Anrede „Sehr geehrte Damen und Herren". Die Anrede endet mit einem Komma. Nach der Anrede folgt eine Leerzeile.

F: Text/Textabschnitte

Der Brieftext beginnt immer mit einer Leerzeile nach der Anrede. Nach der Leerzeile beginnen Sie den Text mit einem kleinen Anfangsbuchstaben (Ausnahme: Substantive und Namen).

Formulieren Sie einfach. Benutzen Sie Wörter, Redewendungen und Satzstrukturen, die Sie auch im Gespräch verwenden. Den Text gliedert man in Abschnitte, damit der Empfänger ihn gut lesen kann und den Sinn schnell versteht. Abschnitte trennen Sie mit einer Leerzeile.

G: Grußformel und Unterschrift

Die Grußformel steht nach einer Leerzeile unter dem Brieftext und endet ohne Punkt. Die häufigste Form ist „Mit freundlichen Grüßen". Die Unterschrift im Geschäftsbrief ist handschriftlich, aber Ihren kompletten Namen wiederholen Sie drei Zeilen unter der Grußformel in Maschinenschrift.

H: Anlagen

Der Anlagenvermerk steht zwei Zeilen nach der maschinenschriftlichen Wiederholung des Namens. Im Anlagenvermerk schreiben Sie, welche Anlagen (Schriftstücke) zum Brief gehören. Beispiel:

Anlagen:
Katalog 2009/2010
Preisliste
Lieferbedingungen

I: Verteiler

Im Verteiler wird aufgelistet, wer das Schreiben als Kopie bekommt.

2 **Ordnen Sie die folgenden Bezeichnungen den Teilen des Geschäftsbriefes zu.**

Grußformel ☐ • Text/Textabschnitte ☐ • Anrede ☐ • Empfängeradresse ☐ •
Absender ☐ • Betreff ☐ • Datum ☐ • Unterschrift ☐

A

Stephan Maier GmbH

Blumenstraße 12, 83026 Rosenheim, Telefon: 08781/15 02

B
RoLa Limonaden AG
zu Händen von Herrn Hans Pichler
Landstr. 12
84056 Rottenburg

                                                  C Rosenheim, 10.1.2009

D Ihre Bestellung vom 7.01.2009 / Bürostühle „Comfort+"

E Sehr geehrter Herr Pichler,

F Sie haben am 7.01.2009 telefonisch bei mir 22 Bürostühle „Comfort+" in Blau bestellt.
Als Liefertermin haben wir die Kalenderwoche 3 festgelegt.

Wir haben momentan aber nur 21 Bürostühle „Comfort+" auf Lager. Den dann noch fehlenden Bürostuhl können wir in der Kalenderwoche 5 nachliefern. Sind Sie mit einer Teillieferung von 21 Bürostühlen in der Kalenderwoche 3 einverstanden? Für eine kurze Nachricht wären wir Ihnen dankbar.

G Mit freundlichen Grüßen

Stephan Maier GmbH
H *Lisa Brandstetter*
Lisa Brandstettter

---

3 Wählen Sie einen der beiden Brieftexte aus und schreiben Sie mit den Informationen aus Aufgabe 1 einen kompletten Geschäftsbrief.

a) **Erinnerung**

unsere Rechnung vom 18.12.2008 ist noch nicht bezahlt. Bitte überweisen Sie den Gesamtbetrag von 238,24 bis zum 20.01.2009 auf unser Konto bei der Deutschen Bank München (Kto.-Nr.: 364933342, BLZ 70070024).

b) **Zimmerreservierung**

wir benötigen vom 10. bis zum 13. Dezember 2009 drei Einzelzimmer für unsere Firmengäste Barbara Delle, Carmen Ostermann und Dr. Helmut Vietling.
Bitte bestätigen Sie uns die Reservierung. Die Rechnungen können Sie direkt an mich senden.

4 Bitten Sie Kollegen/Kolleginnen, Ihnen Beispiele für geschäftliche Briefe zu geben und lesen Sie sie genau. Markieren Sie in den Briefen alles, was Sie für ähnliche Schreiben verwenden können (Formatierung, Briefkopf, Anrede, Grußformel, Redewendungen, Textteile) und machen Sie daraus eine Dokument- oder Formatvorlage.

B Geschäftliche E-Mail

1 Lesen Sie den Text.

Die Teile der E-Mail

A: E-Mail-Kopf

Die Computerprogramme für den E-Mail-Verkehr erstellen automatisch die Angaben über Datum, Uhrzeit und Absender (E-Mail-Adresse) im Kopf der E-Mail. Man trägt nur den oder die Empfänger mit den E-Mail-Adressen und den Betreff ein. Wie in Geschäftsbriefen soll der Betreff in der E-Mail schnell über den Inhalt oder die Funktion der E-Mail informieren. Er ist sehr wichtig für die Bearbeitung und Verwaltung von E-Mails. Lassen Sie die Betreff-Zeile also niemals leer, sonst wird Ihre Nachricht wahrscheinlich gelöscht. Die **Cc-Zeile** (cc = „carbon copy" = Durchschlag) ist der **„Verteiler"** der E-Mail. In diese Zeile werden die E-Mail-Adressen der Personen eingetragen, die eine Kopie bekommen.

B: Anrede, Text und Grußformel

Die Regeln für Anrede, Textgestaltung und Grußformel in der geschäftlichen E-Mail sind dieselben wie für den Geschäftsbrief.

C: Signatur

Der **Schlussteil** (die Signatur) einer E-Mail wird meist in Form eines elektronischen Textbausteins eingefügt. Er enthält in der Regel neben der Grußformel den Firmennamen, den Namen des Bearbeiters, die Firmenadresse, die Telefon- und Fax-Nummer sowie die E-Mail- und Internetadresse. Bei geschäftlichen E-Mails ist auch die Handelsregisternummer gesetzlich vorgeschrieben.

2 Lesen Sie die Signatur und schreiben Sie eine eigene Signatur mit Ihren Daten.

Helga Gossmann	_____ [Ihr Name]
Baustoffe Saalfeldt GmbH	_____ [Firmenname + Rechtsform]
Zur Sandkuhle 1	_____ [Adresse]
31303 Burgdorf	
Amtsgericht Hannover HRA 33526	_____ [Handelsregister-Nr.]
Tel 0049 (0) 5136 7956-0	_____ [Telefon]
Fax 0049 (0) 5136 7956-22	_____ [Fax]
helga.gossmann@baustoffesaalfeldt.de	_____ [E-Mail]

TIPP

■ Schreiben Sie Ihre E-Mail-Texte zuerst in einem Textverarbeitungsprogramm. Benutzen Sie die Formatvorlagen und das Rechtschreibkorrekturprogramm. Lassen Sie sich jeden Änderungsvorschlag des Programms anzeigen. Kopieren Sie Ihren Text dann in Ihre E-Mail.

■ E-Mail-Verkehr gleicht der mündlichen Kommunikation sehr stark. Lesen Sie Ihre E-Mails laut vor. Hört sich Ihre E-Mail „wie gesprochen" an, dann ist sie genau richtig.

3 Bitten Sie eine Kollegin / einen Kollegen, Ihnen ein paar typische E-Mails zu schicken (eventuell mit gelöschten Namen), und machen Sie sich eine Redemittelliste.

an etwas erinnern	einladen	bitten	...

2 Termine, Termine

A Einladung – B Terminvorschlag – C Zusage/Absage

A Einladung

1 **Ergänzen Sie den folgenden Einladungstext.**

einem persönlichen Gespräch • 14.05.2009 • der Anlage • des Termins • Uhr • Lennestadt

Von:	hgeiger344@personal-kempner.de
An:	kunertjochen@gmx.com
Cc:	
BCc:	
Betreff:	Ihre Bewerbung/Einladung
Anlagen:	keine

Sehr geehrter Herr Kunert,

ich beziehe mich auf Ihre Bewerbung und würde Sie gerne am

_____ um 14:30 _____ zu _____

_____ _____ nach _____ einladen.

Eine Wegbeschreibung finden Sie in _____ _____ .

Bitte schicken Sie mir eine kurze Bestätigung _____ _____ .

Mit freundlichen Grüßen

Hartmut Geiger
Personalabteilung

2 **Ergänzen Sie die Präpositionen in der Einladung von Herrn Frommer.**

Vorgespräch Projektgruppe „XXL-Design"/Einladung

Sehr geehrte Frau Dannenberg,

wir würden uns freuen, wenn Sie

_____ 28.10.2009 _____ 14 Uhr _____ die **Siemensstr. 36, Raum C 27**

_____ einem Vorgespräch _____ der Projektleitung (Herrn Dr. Hahn und Frau Spiechert) kommen könnten.

Bitte bestätigen Sie uns den Termin telefonisch oder _____ einer E-Mail.

_____ freundlichen Grüßen

Thorsten Frommer

3 Schreiben Sie die Einladung an Frau Bohm mit den folgenden Angaben zu Ende. Denken Sie an die Betreffzeile.

14.12.2009 • 13:20 Uhr • Raum 305 (Verwaltungsgebäude) • Teambesprechung

```
☐ Jetzt senden  ☐ Später senden  ☐ Als Entwurf speichern  📎 Anlagen hinzufügen  ✏ Signatur ▾  🔧 Optionen ▾

       Von: [ helmut_jaeger@web.de                    ⬍ ]
     📧 An: elfriedebohm@quadrat-online.de
     📧 Cc:
     📧 BCc:

   Betreff: [ _____ / _____ ]
   Anlagen: keine
  abc   [ Standardschriftart ▾ | Textgrad ▾ | F  I  U  T | ▤ ▤ ▤ ▤ | ▤ ▤ ▤ ▤ | A ▾ 🖌 ▾ | — ]
```

_____ Bohm,

_____ findet unsere nächste

_____ statt. Wir treffen uns im

_____ im _____.

Bitte bereiten _____ einen kurzen Bericht über das letzte Halbjahr vor.

Laptop und Beamer sind im Raum vorhanden.

_____

Helmut Jäger

Stellvertretende Teamleitung

B Terminvorschlag

1 Lesen Sie die Redewendungen, tragen Sie sie in die Tabelle ein und ergänzen Sie dann die E-Mail mit dem Terminvorschlag von Frau Mertens.

a) Ich möchte gern mit Ihnen über das neue Computerprogramm sprechen.
b) Der Besprechungsraum in unserer Abteilung ist dann frei.
c) Ich habe ein paar Ideen für eine Kostenreduzierung in der Produktion.
d) Passt Ihnen Donnerstag, 17:00 Uhr?
e) Wir müssen die Betriebsfeier planen.
f) Können wir uns am 18.03. um 10:00 Uhr, treffen?
g) Wie sieht es bei Ihnen am Dienstagnachmittag aus?
h) Ich schlage vor, wir treffen uns am Flughafen.
i) Ist Ihnen der 15. Oktober, 14:30 Uhr, recht?
j) Es geht um den Jahresbericht. Dazu brauche ich noch ein paar Informationen von Ihnen.
k) Ich könnte bei Ihnen vorbeikommen.
l) Was halten Sie vom Restaurant „Historischer Krug"?

Besprechungspunkte benennen	Termin vorschlagen	Ort des Treffens vereinbaren
Wir müssen dringend über das nächste Quartal reden.	Wie wäre es am Freitag um 10 Uhr?	Können wir uns in meinem Büro treffen?

Jetzt senden | Später senden | Als Entwurf speichern | Anlagen hinzufügen | Signatur ▾ | Optionen ▾

Von: [_____] ▾

An: f.oberländer@meyer&mehring-düsseldorf.de

Cc:

BCc:

Betreff: Gespräch über Vertragsänderung/Terminvorschlag

Anlagen: keine

Standardschriftart ▾ Textgrad ▾ | **F** *I* U̲ T | ☰ ☰ ☰ | ⊞ ⊟ ⊟ | A ▾ ◌ ▾ | ─

Sehr geehrter Herr Oberländer,

Sie haben mir am Freitag mitgeteilt, dass Sie mich in einer anderen Abteilung einsetzen möchten. Deshalb müssen meine Aufgabenbereiche in meinem Arbeitsvertrag geändert werden. Sie haben mir angeboten, ausführlich

_____ diese Vertragsänderungen _____ _____ _____ _____.

Passt _____ Donnerstag, 17:00 Uhr? Ich _____ _____ _____ vorbeikommen.

Mit freundlichen Grüßen

Hildegard Mertens

2 Schreiben Sie selbst einen Terminvorschlag an Ihren Vorgesetzten, Herrn Sonnenschein. Sie möchten sich mit ihm über Ihre Überstunden unterhalten. Benutzen Sie Redewendungen aus Aufgabe 1.

Ihr Vorschlag: Donnerstag, 11.12.2009, 9:30 Uhr, Büro von Herrn Sonnenschein

C Zusage / Absage

1 Lesen Sie und schreiben Sie die Sätze in die Tabelle.

1 Ich komme gern. • 2 ~~Also, am Donnerstag um neun Uhr in Ihrem Büro.~~ • 3 Tut mir leid, aber von 10 bis 12 Uhr habe ich eine Besprechung. • 4 Ich weiß noch nicht, ob ich pünktlich um 19:00 Uhr da sein kann. Ich werde aber auf jeden Fall kommen. • 5 Ich werde am 15.08.2009 bei Ihnen sein. • 6 Ich kann leider erst gegen 11:00 Uhr kommen, werde aber da sein. • 7 Ich kann leider nicht kommen. 8 Ich würde gerne kommen, aber ich bin dann im Urlaub. • 9 ~~Ich habe bereits einen anderen Termin um 17:00 Uhr.~~ • 10 Dann treffen wir uns also am Freitag, dem 27. August, um zehn Uhr bei Ihnen. • 11 Ich bestätige unseren Termin am zweiten Februar um achtzehn Uhr im „Goldenen Hasen".

Zusage	Absage
Also, am Donnerstag um neun Uhr in Ihrem Büro.	Ich habe bereits einen anderen Termin um 17:00 Uhr.

2 **Lesen Sie die E-Mail von Ihrem Abteilungsleiter. Sie wollen dem Abteilungsleiter antworten. Kreuzen Sie an: Welches Symbol klicken Sie an? Welche Anrede schreiben Sie? Wie beenden Sie die E-Mail?**

Jetzt senden	Später senden	Als Entwurf speichern	Anlagen hinzufügen	Signatur ▼	Optionen ▼

Von: [   ] ⊡
An:
Cc:
BCc:

Betreff: Besprechung Abteilung 9

Anlagen: *keine*

Standardschriftart ▼ Textgrad ▼ | **F** *I* U̲ T | ≡ ≡ ≡ | ≣ ≣ ≣ | A ▼ ◇ ▼ | —

Liebe Mitarbeiterinnen und Mitarbeiter der Abteilung 9,

nächste Woche, am Dienstag (26.05.), findet eine Besprechung unserer gesamten Abteilung statt. Wir treffen uns um 9:30 Uhr im Raum 247. Die Besprechung dauert voraussichtlich etwa eine Stunde.

Die Themen sind:
- Vorstellung der neuen Kolleginnen und Kollegen
- das neue Arbeitszeitmodell

Mit freundlichen Grüßen

Peter Hanselmann
Abteilungsleiter

☐ 📝 Neu ▼   ☐ 📩 Antworten   ☐ 📨 Weiterleiten   ☐ ➡ Senden/Empfangen

☐ Lieber Herr Hanselmann,   ☐ Mit freundlichen Grüßen
☐ Sehr geehrter Herr Hanselmann,   ☐ Hochachtungsvoll
☐ Lieber Peter,   ☐ Herzliche Grüße
☐ Hallo, Herr Hanselmann,   ☐ Liebe Grüße

3 **Formulieren Sie mit den Gründen unten je dreimal eine Begründung für eine Absage. Benutzen Sie dabei die Strukturen wie im Beispiel.**

– eine Dienstreise machen / auf Dienstreise sein
– Urlaub haben / Urlaub machen
– einen Arzttermin haben / zum Arzt gehen müssen

Ich kann am 26.05. leider nicht kommen, weil *ich einen anderen Geschäftstermin habe.*

Ich kann am 26.05. leider nicht kommen, denn *ich habe einen anderen Geschäftstermin.*

Ich habe am 26.05 einen anderen Geschäftstermin. Deshalb kann ich leider nicht kommen.

4 **Schreiben Sie eine Zu- und eine Absage an Herrn Hanselmann. Schreiben Sie in der Absage auch, warum Sie nicht kommen können.**

Notizen und Berichte

A Notiz – B Mitteilung – C Kurzbrief – D Gesprächsnotiz – E Arbeitsprotokoll
– F Arbeitsbericht – G Unfallbericht

A Notiz

Notizen sind ganz kurze Erinnerungshilfen. Sie sind wichtig, wenn Sie Informationen oder Aufgaben für sich selbst schnell festhalten möchten.

1 Lesen Sie die Notizen und den Terminkalender von Herrn Bartel und ordnen Sie die Situationen 1–12 zu.

☐ Di: Frau Bruhe anrufen/Geburtstag

☐ Steuererklärung

☐ Urlaubsantrag bis Fr. !!!

☐ Dr. Lausmann, Do., 10:45

☐ Frau Dollermann für Fr. absagen

☐	8:00	Teambesprechung
☐	9:00	Hr. Storckebaum anrufen
	10:00	
	11:00	
☐	12:00	Ferdinand, Kantine
	13:00	
☐	14:00	Fr. Heckendorf: Angebot Fa. Paulsen besprechen
☐	15:00	Hr. Kaltmeier: Angebot (Reparatur) schicken
	16:00	
☐	17:00	Ramona: Ulmenallee 29b / Fam. Neumann
☐	18:00	Ramona: Sport

Herr Bartel möchte/will

1) eine Bekannte anrufen, weil sie Geburtstag hat.
2) seine Steuererklärung machen.
3) zum Zahnarzt.
4) seine Tochter bei einer Freundin abholen.
5) ein Angebot für eine Reparatur schreiben und abschicken.
6) seine Tochter zum Training bringen.
7) sich mit einem Arbeitskollegen zum Mittagessen treffen.
8) mit einem Kunden telefonieren.
9) einen Termin absagen.
10) seinen Urlaub pünktlich einreichen.
11) sich mit den Teamkollegen zur Besprechung treffen.
12) mit einer Kollegin über ein Angebot sprechen.

2 **Lesen Sie die Situationsbeschreibungen A–E und schreiben Sie jeweils eine möglichst kurze Notiz.**

A) Sie müssen Akten an einen Kollegen zurückgeben.
B) Sie müssen Frau Köppke anrufen, weil Sie von ihr Informationsmaterial benötigen.
C) Sie müssen um 9:00 Uhr zu Ihrem Personalchef, Herrn Knoke. Er möchte mit Ihnen über Ihre Fortbildung sprechen.
D) Sie wollen sich mit Ihrer Kollegin Barbara um 12:30 Uhr zum Mittagessen in „Ninos Pizzeria" treffen.
E) Sie müssen noch Brot, Butter und Käse einkaufen.

Montag
-Akten zurück

B Mitteilung

Die Mitteilung hat die Funktion, eine andere Person über etwas zu informieren oder ihr Bitten und Aufgaben zu übermitteln. Sie wird auch als „formlose" Mitteilung bezeichnet, da es keine vorgeschriebene Form dafür gibt. Typisch für die Mitteilung ist eine Verkürzung der Sätze. Neben der Papierform (z. B. als selbstklebender Zettel) werden formlose Mitteilungen heute oft auch als E-Mail geschrieben.

1 Lesen Sie die Mitteilungen und ordnen Sie sie zu. Schreiben Sie dann, was Sie machen sollen oder müssen.

1. Holger hat ange-
rufen. Ruf (noch
mal an. Melanie

2. Deine Frau hat
angerufen: steckt
im Stau. Kann
länger dauern.
Lasagne ist im
Kühlschrank ...
Jörg

3. Hausmeister anrufen
(23 44 86), Termin
für Reparatur Fenster!
Termin als Info an mich.
Behring

4. Frau Spillner kommt am
28.5., 15:00 Uhr,
Gespräch über neues
Projekt. Priesnitz

5. Bin bis Montag im Urlaub.
Kannst du am Freitag meine
Blumen gießen?
Danke
Herbert

6. Ruf bitte Herrn Bartel zurück-
dringend !
07435 - 88 7652 Bernd

7. Bitte Herrn Thalbauer
zur Besprechung bei
mir einladen,
Dienstag, 14 Uhr.
Stoltefuß

☐ A Freitag Blumen gießen
☐ B schnell anrufen
☐ C anrufen und Termin festlegen, Termin weitergeben
☐ D Einladung schreiben
☐ E nicht warten, Essen heiß machen, allein essen
☐ F nichts / auf Anruf warten
☐ G Termin einplanen und am Termin über neues Projekt sprechen

1/F: Ich muss nichts tun. / Ich muss auf den Anruf von Holger warten.

2 Lesen Sie die Mitteilungen noch einmal und ergänzen Sie die Sätze.

Modalverb • Anrede • Imperativ • Personalpronomen • Infinitiv

Bei (formlosen) Mitteilungen

a) schreibt man meistens keine _____,

b) lässt man die _____ bis auf die direkte Anrede du/Sie weg (Bin beim Arzt. / Kommt um 15 Uhr.),

c) drückt man Aufgaben/Aufforderungen mit dem _____ oder mit dem

_____ + „bitte" aus (Fr. Meesenburg einladen. / Ruf bitte Hr. Goosen zurück.),

d) formuliert man Bitten mit dem _____ „können" (Kannst du die Akten zurückbringen?).

3 Lesen Sie die Situationsbeschreibungen 1–6 und schreiben Sie kurze Mitteilungen an Ihre Kollegin / Ihren Kollegen. Schreiben Sie zunächst vollständige Sätze und streichen oder verändern Sie dann Wörter nach den Regeln in Aufgabe 2.

1. Bitten Sie Ihre Kollegin Tanja, 5 x 500 Blatt Druckerpapier für Sie mitzubestellen.
2. Sie müssen dringend zum Arzt. Bitten Sie Ihren Kollegen Thomas, Ihre fertigen Rechnungen zur Poststelle zu bringen.
3. Fragen Sie Ihren Kollegen Werner, ob er Lust hat, am Donnerstagmittag mit Ihnen im Restaurant „Türmchen" zu essen.
4. Sie sammeln Geld für ein Geburtstagsgeschenk für Ihre Kollegin Stefanie. Ihre Kollegin Heike ist aber gerade nicht an ihrem Arbeitsplatz. Bitten Sie sie, Ihnen morgen 5,– Euro mitzubringen.
5. Herr Forster hat angerufen. Er wollte Ihren Abteilungsleiter sprechen und ruft später noch einmal an.
6. Die Firma Zieske hat angerufen. Die Firma braucht heute noch ein Angebot von Ihrem Kollegen Stefan.

TIPP   Benutzen Sie selbstklebende Notizzettel für Mitteilungen und bringen Sie sie dort an, wo der Empfänger Ihre Mitteilungen sofort sieht, zum Beispiel am Rand des Computer-Bildschirms oder auf der Schreibtischunterlage.

C Kurzbrief

Kurzbriefe gibt es als Vordruck in verschiedenen Formen. Die Vordrucke enthalten wichtige Funktionen oder Aufgaben für den betreffenden Arbeitsbereich zum Ankreuzen. Man verwendet Sie z. B. als Begleitschreiben bei der Zusendung von Prospekten, Warenmustern und anderen Materialien und bei häufiger schriftlicher Kommunikation mit bekannten Kunden, Geschäftspartnern oder Kollegen in einer anderen Abteilung.

1 Lesen Sie das Formular und klären Sie unbekannte Wörter mit dem Wörterbuch.

Kurzbrief	
An: _____	Absender: _____
Firma: _____	☽: _____
_____	@: _____
	Ihr Zeichen / Ihre Nachricht vom: _____
	Unser Zeichen/Bearbeiter: _____
Betrifft: _____	Datum: _____
_____	Anbei erhalten Sie: _____
_____	☐ zu Ihrer Information ☐ mit Dank zurück
_____	☐ mit der Bitte um
_____	☐ Genehmigung ☐ Stellungnahme
_____	☐ Erledigung ☐ Weiterleitung an
_____	☐ Prüfung _____
_____	☐ Rücksprache ☐ Rückgabe bis _____
	☐ _____
	Mit freundlichen Grüßen

2 Lesen Sie die Situationsbeschreibungen 1–6 und notieren Sie, was Sie im Kurzbrief aus Aufgabe 1 ankreuzen müssen.

1. Herr Horstmann ist ein Kollege von Ihnen in einer anderen Abteilung. Sie schicken ihm Kataloge zurück, die er Ihnen geliehen hat.

   Anbei erhalten Sie Ihre Kataloge mit Dank zurück

2. Sie schicken die Anfrage eines Kunden an die Abteilung III, denn Sie benötigen für Ihr Angebot die Zusage der Abteilung III, dass der Termin des Kunden möglich ist.

3. Sie haben eine Rechnung bekommen, haben diese geprüft und leiten die Rechnung an die Buchhaltung weiter, damit das Geld überwiesen wird.

4. Sie haben ein Angebot für eine neue Software erhalten. Sie finden das Programm gut und den Preis angemessen, aber Ihr Abteilungsleiter muss entscheiden, ob Sie den Auftrag erteilen dürfen.

5. Sie haben eine Rechnung erhalten, aber auf der Rechnung fehlt eine Rechnungsnummer. Sie schicken die Rechnung zurück und bitten um Korrektur.

6. Ein Kollege aus einer Filiale Ihrer Firma in einer anderen Stadt hat Sie um Zusendung einer Akte gebeten. Sie brauchen die Akte allerdings in zwei Wochen wieder zurück.

3 Bei den Situationen 4 und 5 in Aufgabe 2 ist es sinnvoll, einen zusätzlichen Text auf das Kurzbriefformular zu schreiben. Formulieren Sie passende Texte.

4. _____

5. _____

D Gesprächsnotiz

Mit einer Gesprächsnotiz wird in kurzer Form ein Telefonat oder ein Gespräch festgehalten. Sie enthält, wer mit wem, wann, wo, worüber gesprochen hat, was das Ergebnis des Gesprächs war und was noch getan werden muss. Eine Gesprächsnotiz wird zu einer Aktennotiz, wenn sie in einer Akte abgelegt wird. Aktennotizen müssen sich aber nicht nur auf Gespräche beziehen, sie können auch ein Geschehen / einen Geschäftsvorgang dokumentieren. Eine Gesprächs- oder Aktennotiz ist immer dann sinnvoll, wenn Änderungen festgehalten werden müssen oder wenn Konflikte erwartet werden.

1 Lesen Sie die Gesprächsnotiz von Anke Stellmacher und tragen Sie die fehlenden Informationen in das Formular ein. Beantworten Sie dann die Fragen.

45138 Essen • SolarSolutions GmbH • 26.03.2009 • Anke Stellmacher • Jutta Kiesenberg • 3647-22 • Auftrag vom 28.01.2009 • Ruhrallee 587 • 10:15 Uhr

Gesprächsnotiz		
	Datum: _____	Betrifft: _____
	Uhrzeit: _____	_____

☐ Besuch ☐ Anruf

von / bei Herrn / Frau _____

Firma _____ ☏ _____

Straße / Ort _____

Fr. Kiesenberg beschwert sich, dass Auftrag noch nicht erledigt ist.
Wütend auf Hr. Stockmeier. S. hatte Ausführung bis zum 24.03. zugesagt.
K. erwartet Rückruf bis 30.03. Will andere Firma beauftragen, wenn Auftrag
nicht bis Ende 14. KW erledigt ist.

Anlagen: _____ Name: _____

Erledigt durch		Datum
☐ Anruf	_____	_____
☐ E-Mail	_____	Erledigt von
☐ Besuch	_____	
☐ _____	_____	_____
☐ Ablage unter	_____	

a) Was sollte Frau Stellmacher nach dem Gespräch machen?

_____

b) Was sollte Herr Stockmeier tun?

_____

2 **Ergänzen Sie mit den folgenden Informationen die Gesprächsnotiz in Aufgabe 1 für Herrn Stockmeier.**

Herr Stockmeier ruft Frau Kiesenberg am 27.03.2009 an, entschuldigt sich bei ihr und bestätigt, dass der Auftrag bis zum Ende der 14. KW (= Kalenderwoche) ausgeführt wird. Als Entschädigung für die Verzögerung bietet er Frau Kiesenberg einen Rabatt von 5 % auf den Rechnungsbetrag an.

 TIPP Machen Sie sich eine Liste mit häufig verwendeten Abkürzungen aus Ihrem Arbeitsbereich (z. B. Tel. = Telefonat, Auftr. = Auftrag, Fa. = Firma, KW = Kalenderwoche).

3 Lesen Sie den Gesprächsausschnitt und markieren Sie alle Informationen, die für eine Gesprächsnotiz wichtig sind.

① Messebau Ellerwald, Gesine Landgraf, was kann ich für Sie tun?

② Guten Morgen, Frau Landgraf. Maler hier, Firma Strecker und Partner. Ich möchte mit Ihnen über unseren Messestand sprechen.

③ Ja, Herr Maler, einen kleinen Augenblick, ich hole mir eben die Unterlagen. – So, ich habe Ihren Auftrag vor mir. Worum geht es denn?

④ Da ist einmal der Termin. Können Sie den Stand am Donnerstag auch schon früher aufbauen? Wir brauchen für die Einrichtung wahrscheinlich doch länger und es wäre schön, wenn Sie mit Ihren Arbeiten etwa um 12:00 Uhr mittags fertig sein könnten.

⑤ Mhm, wir hatten 15:00 Uhr vereinbart. 12:00 Uhr könnte schwierig werden. Ich möchte Ihnen nichts Unmögliches versprechen. Ist 13:00 Uhr auch in Ordnung für Sie?

⑥ Das könnte schon reichen. Gut, danke. Und dann sind da noch zwei Punkte zum Stand selbst. Wir möchten gern eine unserer Maschinen in den Stand hängen. Wir wissen aber nicht, ob der Stand die Maschine trägt, also ob der Stand stabil genug ist. Sie wiegt etwa 25 Kilogramm. Geht das?

⑦ Das kann ich Ihnen leider nicht direkt sagen, da muss ich erst mit unserer Werkstatt sprechen. Ich frage da gleich nach. Was ist der zweite Punkt?

⑧ In der Teeküche brauchen wir noch ein kleines Regal, drei Bretter, etwa 20 cm tief und 50 cm breit.

⑨ Das habe ich notiert. Das Regal ist kein Problem. Wegen der Maschine, da muss ich erst nachfragen. Sind Sie in einer halben Stunde erreichbar?

⑩ Ja, Sie können mich unter meiner Handynummer erreichen. Haben Sie die auf Ihrem Display?

⑪ Ja, 0171-344889764. Bis dann.

⑫ Bis dann und danke, Frau Landgraf.

⑬ Gern, Herr Maler.

4 Schreiben Sie zu dem Gespräch aus Aufgabe 3 eine Gesprächsnotiz für Frau Landgraf. Die Wörter unten können helfen.

vereinbaren • Termin ändern • fragen/anfragen, ob

Gesprächsnotiz	Datum: _____	Betrifft: _Auftrag Messestand_
	Uhrzeit: _____	_____

☐ Besuch   ☐ Anruf

von / ~~bei~~ Herrn / ~~Frau~~ _Maler_ _____

Firma _____   ☏ _____

Straße / Ort _____

_____
_____
_____
_____
_____
_____
_____

Anlagen: _____   Name: _____

Erledigt durch	Datum
☐ Anruf _____	_____
☐ E-Mail _____	Erledigt von
☐ Besuch _____	_____
☐ ____ _____	
☐ Ablage unter _____	

5 Lesen Sie den Text unten und ergänzen Sie die Gesprächsnotiz in Aufgabe 4.

Frau Landgraf spricht mit den Kollegen in der Werkstatt: Die Konstruktion kann nur maximal 10 Kilogramm tragen, eine Änderung ist möglich, kostet aber 220,– Euro extra. Frau Landgraf ruft Herrn Maler zurück und der ist mit dem Preis einverstanden.

Im Arbeitsprotokoll werden die Zeit und die Art der Arbeiten, die Sie z.B. bei einem Kunden vorgenommen haben, festgehalten. Das Arbeitsprotokoll ist oft die Grundlage für eine Rechnung, die der Kunde später erhält. Je nach Arbeitsbereich gibt es unterschiedliche Arbeitsprotokolle.

1 Lesen Sie den Notizzettel und die Visitenkarte und ergänzen Sie das Arbeitsprotokoll einer Möbelspedition auf Seite 26.

1 Fahrer 8:15 – 8:45, 15:30 – 17:30
2 Monteure 9:00 – 12:00
2 Packer 9:00 – 11:30
2 Träger 9:00 – 14:30
2 Träger 11:30 – 14:30
2 Träger 12:00 – 14:30

LKW 12,5 t

52 Umzugskartons
26 Decken
15 m Luftpolsterfolie
30 m Klebeband

Thorsten
Schorlemmer

Personalentwicklung

Neuer Heitkamp 23
48143 Münster
Tel. 0251 / 3 33 21

t.schorlemmer@personalentwicklung.de

Möbelspedition Paulus – Friedensstr. 19 – 48145 Münster – Tel.: 0251/89764432

Arbeitsprotokoll

Datum: _10.03.2009_

Kunde: _____

Adresse: _____

Mitarbeiter:

Fahrer	Zeit	Std.	Monteur	Zeit	Std.	Packer	Zeit	Std.	Träger	Zeit	Std.
1	8:15 – 8:45	0,5									
1	15:30 – 17:30										
Gesamt		2,5									

Fahrzeuge: _____

☐ Außenaufzug, von: _____ bis _____ Uhr

_____

_____

Material:

☐ Umzugskartons _____ St.

☐ Packdecken _____ St.

☐ Luftpolsterfolie _____ m

☐ Klebeband _____ m

☐ Befestigungsmaterial (Schrauben, Nägel, ...)

_____

☐ Elektromaterial (Kabel, Klemmen, ...)

_____

☐ Sonstiges

_____

Bemerkungen: _Küchenschrank beim Tragen beschädigt (Kratzer auf Rückseite)_

Datum: _____   Unterschrift Kunde: _____

2 Lesen Sie die Beispiele aus dem Handwerk in der Liste, ergänzen Sie die fünf häufigsten Tätigkeiten aus Ihrem Tätigkeitsbereich und ergänzen Sie die Namen für Material, das Sie für diese Tätigkeiten benötigen.

Infinitiv	Partizip II	Material	Beispiel aus dem Bereich
anschließen	angeschlossen	das Kabel, –	Elektroinstallation
verlegen	verlegt	das Rohr, -e	Heizungsbau
einbauen	eingebaut	das Fenster, –	Tischlerei

3 Lesen Sie das Arbeitsprotokoll eines Malers und notieren Sie Ihre Tätigkeiten aus Aufgabe 2 in den Ausschnitt des Arbeitsprotokolls auf Seite 28.

Maler Kersting – Meisterbetrieb – Mesmerstraße 23a

90419 Nürnberg – Tel: 0911/38 07 70 98

Arbeitsprotokoll vom _18.06.2009 von 8:15 Uhr bis 17:45 Uhr_

Kunde: _Fam. Knorrn_

Adresse: _Himpfelshofstr. 27, 90429 Nürnberg_

Mitarbeiter: _Moser, Stallober_

ausgeführte Arbeiten:

– 2 Türen und Türrahmen abgeschliffen und lackiert

– Löcher gespachtelt

– Wände tapeziert

– Wände mit weißer Farbe gestrichen

– Heizungsrohre grundiert und lackiert

Material:

2 Dosen Spachtelmasse, 15 Rollen Tapete, 10 l Farbe, 500 ml Grundierung, 2 l Lack, 8 Bogen Schleifpapier

Bemerkungen:

1/2 Std. Frühstückspause, 1 Std. Mittagspause

Datum: _18.06.09_   Unterschrift Kunde: _A. Knorrn_

ausgeführte Arbeiten:

_____

_____

_____

_____

Material:

_____

_____

_____

F Arbeitsbericht

Der Arbeitsbericht ist eine neutrale und objektive Beschreibung von Arbeitsphasen bzw. Arbeitsschritten. Er wird oft bei einem Praktikum und in der Ausbildung geschrieben. Arbeitsberichte enthalten immer Angaben über Ort und Zeit sowie über die beteiligten Personen. Wörtliche Rede kommt im Bericht nicht vor.

1 **Lesen Sie den Praktikumsbericht und ergänzen Sie die fehlenden Verben. Glossar und Schaubild helfen Ihnen beim Verstehen.**

gesteuert • musste • sichern • besteht • packen • bearbeitet • gezeigt • war • sind • kontrolliert • hat • werden • habe • stellt

Praktikumsbericht
Versandhaus TELLHEIM online
Praktikantin: Karina Bangert

21.05.2009

Heute _____ (1) ich in der Versandabteilung. Kurz nach Schichtbeginn (6:00 Uhr) bis zur Frühstückspause (9:30 Uhr) _____ (2) mir Herr Althaus, der Versandabteilungsleiter, alle Stationen der Versandabteilung _____ (3) und erklärt. Die Versandabteilung _____ (4) aus mehreren Bereichen: der Steuerung, dem voll automatisierten Hochregallager, einem Netz aus Förderbändern, dem Paket-Versand mit mehreren Packplätzen, dem Speditionsversand mit mehreren Packplätzen sowie dem Zwischenlager und dem Bereich Dienstleistung.

In der Versandabteilung _____ (5) die einzelnen Bestellungen zusammengestellt, _____ (6), verpackt und verschickt. Die meisten Arbeitsschritte _____ (7) voll automatisiert. Alle Waren laufen in Kisten über Förderbänder und erst an den Packplätzen stehen Mitarbeiter, die die Waren in Kartons _____ (8).

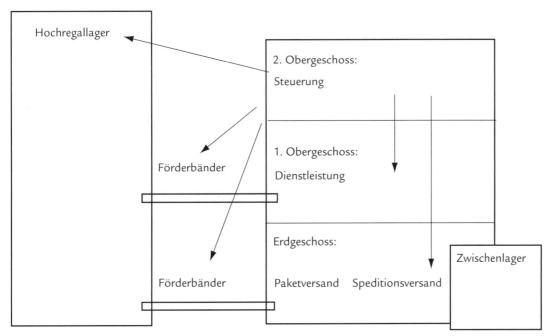

Schaubild: TELLHEIM online

Der wichtigste Bereich der Versandabteilung ist die Steuerung im 2. Obergeschoss. Hier wird der gesamte Ablauf mit Computerprogrammen _____ (9). Der Bereich Dienstleistung im

1. Obergeschoss _____ (10) Sonderbestellungen, z. B. _____ (11) man hier

die Bestellungen von Warenhäusern zusammen, bei denen schon Preisschilder auf die Waren kommen.

Nach der Führung durch Herrn Althaus und der Frühstückspause _____ (12) ich bis zum

Schichtende (13:00 Uhr) an einem Packplatz im Paketversand im Erdgeschoss gearbeitet. Ich

_____ (13) verschieden große Kartons falten, Waren einpacken, empfindliche Waren

für den Transport _____ (14), Lieferscheine kontrollieren und Pakete zukleben.

Karina Bangert

Glossar:
der Versand – das Schicken von Waren an die Leute, die die Waren bestellt haben, oder eine Abteilung in einem Betrieb, die die Waren versendet
die Schicht – der Abschnitt des Arbeitstages in einem Betrieb (oder z. B. einem Krankenhaus), in dem 24 Stunden täglich gearbeitet wird
Steuerung – durch etwas (z. B. ein Computerprogramm) bewirken, dass in einem System oder in einer Maschine bestimmte Prozesse regelmäßig ablaufen
automatisieren – die automatische Steuerung von Vorgängen (z. B. in der Produktion) einführen
das Lager – ein Raum oder eine Halle, wo man Waren abstellt, die man im Augenblick nicht braucht
das Förderband – eine von einem Motor angetriebene Transportmöglichkeit (z. B. für Koffer in Flughäfen)
der Packplatz – ein Arbeitsplatz, an dem etwas (z. B. Ware) eingepackt wird
die Spedition – eine Firma, die (in Lastwagen) Waren für andere transportiert
das Warenhaus – Kaufhaus

2 Schreiben Sie einen Arbeitsbericht über Ihren Arbeitstag. Beschreiben Sie dabei Orte, Aufgaben, Arbeitsabläufe und Ihre eigenen Tätigkeiten.

 TIPP
- Machen Sie sich eine Liste mit den Tätigkeiten, Arbeitsabläufen, Maschinen und Materialien aus Ihrem Arbeitsbereich.

- Schreiben Sie ein Arbeitstagebuch. Schreiben Sie jeden Tag direkt nach der Arbeit auf, was Sie gemacht haben, was passiert ist oder was Sie gelernt haben.

G Unfallbericht

Ein Unfallbericht schildert den Ablauf eines Unfalls objektiv. Meinungen und Interpretationen gehören nicht in einen Unfallbericht. Er soll nur möglichst genau über den Ablauf informieren. Für Unfallberichte gibt es in der Regel Formulare. Ort, Zeit, Informationen zur Person und zur ärztlichen Behandlung trägt man in die Formularfelder ein, aber der Unfallhergang muss noch formuliert werden.

1 Lesen Sie die Ausschnitte aus verschiedenen Unfallberichten und ergänzen Sie die fehlenden Wörter.

gerade • zu diesem Zeitpunkt • aber • weil • denn • zuerst • als • deshalb • dabei • aber • trotzdem • als • dabei • seitdem • die Folge davon • durch

a) Ich habe mit meinem Kollegen Alfred Kranefuß eine Papierrolle (ca. 50 kg) aus dem Lager in die Druckmaschinenhalle getragen. _____ (1) wir über eine Treppe (3 Stufen) gegangen sind, bin ich gestolpert. Ich habe versucht, zur Seite zu gehen, _____ (2) die Rolle ist mir auf den linken Fuß gefallen. Ich hatte meine Sicherheitsschuhe an. _____ (3) ist mein Fuß gebrochen. Ich musste zur ärztlichen Versorgung ins Krankenhaus und bin _____ (4) arbeitsunfähig.

b) Ich habe im Wohnzimmer von Familie Reuter (Nordstraße 5, 59439 Holzwickede) eine Lampe aufgehängt. Ich stand auf der Leiter (2. Stufe von oben) und habe _____ (1) die Lampe angeschlossen, _____ (2) die Kinder der Familie (4 und 5 Jahre alt) ins Wohnzimmer gelaufen und gegen die Leiter gestoßen sind. _____ (3) war, dass ich das Gleichgewicht verloren habe und auf den Wohnzimmertisch gefallen bin. _____ (4) den Aufschlag auf den Tisch habe ich mir den Arm gebrochen.

c) Auf der Baustelle der Familie Fehre (Drosselweg 8, 23552 Lübeck) habe ich eine provisorische Treppe zusammengebaut. Ein Heizungsmonteur (Herr Vogelsang, Fa. Nestwärme, Bad Schwartau) hat mehrere Heizungsrohre in die Baustelle getragen. Er hat diese nicht festhalten können und sie verloren. Ein Rohr ist mir _____ (1) auf meine rechte Hand gefallen. _____ (2) habe ich gedacht, dass es nicht so schlimm ist, und habe weiter gearbeitet. _____ (3) nach einer halben Stunde ist meine Hand dick geworden und ich konnte den Hammer nicht mehr halten, _____ (4) ich starke Schmerzen hatte.

d) In der Halle III bin ich mit einem Rollwagen mit Gewürzmischung in Richtung Mischer gegangen. Auf dem Boden muss Fett oder Öl gewesen sein, _____ (1) ich bin ausgerutscht, obwohl ich meine Arbeitsschuhe getragen habe. Ich habe versucht, mich an der Bratstraße festzuhalten, und bin _____ (2) mit meinem linken Arm an die Metallwand gekommen. Die Bratstraße war _____ (3) in Betrieb und sehr heiß. _____ (4) habe ich Verbrennungen am Arm bekommen.

2 **Sehen Sie sich das Bild an und überlegen Sie, was für ein Unfall passieren könnte. Füllen Sie dann das Formularfeld mit Ihrem Bericht über den Unfall aus.**

Ausführliche Schilderung des Unfallhergangs
(Verlauf, Bezeichnung des Betriebsteils,
ggf. Beteiligung von Maschinen, Anlagen, Gefahrstoffen)

_____

_____

_____

_____

_____

_____

_____

_____

_____

_____

_____

_____

_____

A Glückwunschkarten und Genesungswünsche – B Dank – C Entschuldigung – D Urlaubspostkarte – E Beileid

1 Was sagen Sie bei den folgenden Ereignissen? Sehen Sie die vier Bilder an und notieren Sie passende Glückwünsche.

_____
_____

_____
_____

2 Ordnen Sie die Redewendungen den Anlässen zu.

1) Geburt eines Kindes 2) Hochzeit 3) Geburtstag 4) Krankheit

A) Jetzt seid ihr nie mehr allein. [1]

B) Bleib so, wie du bist! [   ]

C) Schön, dass ihr euch gefunden habt. [   ]

D) Hoffentlich geht es dir bald besser. [   ]

E) Ich wünsche dir viel Glück und Gesundheit. [   ]

F) Ich wünsche euch ruhige Nächte! [   ]

G) Ich wünsche euch viel Glück miteinander! [   ]

H) Ich hoffe, dass du bald wieder auf den Beinen bist, und wünsche dir gute Besserung. [   ]

3 Lesen Sie die zwei Kartentexte.

Liebe Lena,
ich habe mich sehr gefreut, dass du eine Tochter bekommen hast. Herzlichen Glückwunsch!

Ich hoffe, dass du uns deine kleine Prinzessin bald zeigen kannst. Komm doch einfach mal bei uns im Büro vorbei.

Alles Liebe
Verena

Liebe Frau Gutsfeld,
ich bin sehr froh, dass Sie die Operation gut überstanden haben. Sie brauchen sicher noch viel Geduld, bis Sie wieder völlig gesund und beweglich sind. Ich wünsche Ihnen weiterhin gute Besserung und hoffe, dass Sie bald wieder bei uns sein können.

Herzliche Grüße
Nina Wiechert

4 Wem würden Sie eine Karte schreiben? Zu welchem Anlass? Formulieren Sie für diesen Kollegen / diesen Bekannten zwei bis drei Sätze für eine Glückwunschkarte oder einen Genesungswunsch.

_____

_____

_____

TIPP   Zu verschiedenen Anlässen gibt es eine Vielzahl von fertigen Karten, die Sie im Schreibwarenhandel kaufen können. Post- oder Kunstkarten, die Sie selbst mit einem Glückwunsch versehen, sind persönlicher.

B Dank

1 Setzen Sie die passenden Wortgruppen ein.

Ihren Dienst • die neuen Programme • den netten Abend • meinem ersten Geschäftsbrief

```
1  ─────────────────────────────────────────

   Vielen Dank für die Hilfe bei _____!

   Ihre Tipps waren sehr hilfreich.
```

```
2  ─────────────────────────────────────────

   Gestern haben Sie mir _____ erklärt.

   Jetzt habe ich (fast) alles verstanden. Herzlichen Dank!
```

```
3  ─────────────────────────────────────────

   Vielen Dank, dass Sie _____ mit mir getauscht

   haben. Jetzt kann ich zum Geburtstag meines Vaters fahren.
```

```
4  ─────────────────────────────────────────

   Ich möchte mich nochmals herzlich für _____

   bedanken. Ihr Essen war fantastisch!
```

2 Ergänzen Sie die passenden Redemittel.

Vielen Dank für ... • Herzlichen Dank! • Vielen Dank, dass ... • Ich möchte mich herzlich für ... bedanken.

1) _____ Sie mich gestern nach Hause gefahren haben. Ich wäre

   sonst erst viel später zurück gewesen. Zum Glück ist mein Auto wieder aus der Werkstatt zurück.

2) _____ Ihre Urlaubspostkarte. Sie ist gestern hier angekommen.

   Sind Sie Montag wieder im Büro?

3) _____ den schönen Blumenstrauß zu meinem

   Geburtstag _____.

4) Ich habe Ihre Einladung heute bekommen. _____ Ich komme

   gern.

3 Schreiben Sie jetzt selbst eine komplette E-Mail an einen Kollegen oder eine Kollegin zum Dank für eine Hilfe oder Aufmerksamkeit von ihm/ihr.

C Entschuldigung

1 Lesen Sie die Entschuldigung.

Lieber Herr Kohlmann,

bitte entschuldigen Sie, dass ich gestern nicht zu Ihrer Feier gekommen bin.

Unsere Tochter hatte hohes Fieber und wir mussten mit ihr ins Krankenhaus fahren. Das Fieber ist heute zum Glück wieder weg.

Ich hoffe, dass Sie eine schöne Feier hatten.

Mit herzlichen Grüßen

Marcel Mischke

2 Formulieren Sie selbst Entschuldigungen für die zwei Situationen. Ergänzen Sie Gründe wie im Beispiel.

zu spät kommen / meine Verspätung • nicht zur Besprechung kommen / mein Fehlen bei der Besprechung

Ich möchte mich für ... entschuldigen.
Ich möchte mich dafür entschuldigen, dass ich gestern ...
Es tut mir leid, dass ich gestern ...

Gründe:
Tochter/Sohn krank
(Verkehrs-)Unfall
Kopfschmerzen
Bus/Zug/Straßenbahn unpünktlich

Ich möchte mich für mein Fehlen bei der Besprechung gestern entschuldigen. Ich hatte einen Verkehrsunfall.

D Urlaubspostkarte

In vielen Abteilungen oder Teams ist es üblich, dass man der Abteilung oder dem Team eine Urlaubspostkarte schickt. Auf jeden Fall dann, wenn man ein gutes Verhältnis zueinander hat und sich gegenseitig von seinen Urlaubsplänen erzählt hat. Manchmal werden die Urlaubspostkarten auch am Kühlschrank oder an einem Schwarzen Brett aufgehängt.

1 **Offiziell oder persönlich? Schreiben Sie die Anreden und Grußformeln in die Tabelle.**

Herzliche Grüße • Liebe Grüße • Sehr geehrte Frau ..., • Freundliche Grüße • Liebe Kolleginnen und
Kollegen, • Liebes Team 6, • Sehr geehrte Damen und Herren, • Liebe Frau Schmidt, • Hallo, Stefanie,

	offiziell	persönlich
Anreden	Sehr geehrter Herr ...,	Lieber Harald,
Grußformeln	Mit freundlichen Grüßen	Viele Grüße

2 **Manfred Behrens macht Urlaub auf Zypern. Morgen geht er in ein Museum. Ergänzen Sie seine Urlaubskarte an seinen Kollegen Dieter.**

Lieber Dieter,

hier auf _____ ist es sehr schön. Ich _____ gestern eine Sightseeing-Tour in
der Hauptstadt Nicosia gemacht. Und vorgestern _____ ich den ganzen _____ am
Strand gewesen. Das _____ hier ist sehr gut: 35 Grad im Schatten! Ich habe mich
schon gut erholt und fühle mich richtig wohl. Morgen will ich _____ _____ _____
gehen. Aber in drei Tagen geht es schon wieder zurück. Schade. Ich hoffe, dass es dir gut geht.

Viele Grüße, auch an die Kollegen,

Manfred

3 **Wählen Sie eine Situation auf den Fotos und schreiben Sie eine Urlaubspostkarte. Benutzen Sie die Satzanfänge.**

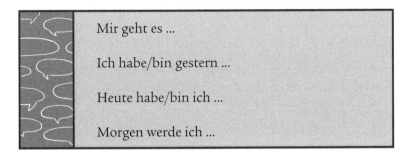

Mir geht es ...

Ich habe/bin gestern ...

Heute habe/bin ich ...

Morgen werde ich ...

4 Lesen Sie Ihren Text aus Aufgabe 3 noch einmal und kontrollieren Sie alle Verben: Sind Position und Zeit korrekt?

TIPP   In vielen Restaurants und Kneipen gibt es Gratispostkarten. Schreiben Sie regelmäßig einen kurzen Text auf eine Karte: Wie geht es Ihnen? Was ist heute passiert? Was wollen Sie morgen tun? Sie müssen die Karten ja nicht abschicken ...

E   Beileid

1 Schreiben Sie Verben/Nomen/Adjektive zum Thema Tod/Trauer auf. Schreiben Sie Wörter, die Ihnen nicht sofort auf Deutsch einfallen, die Ihnen aber wichtig erscheinen, zunächst in Ihrer Muttersprache auf und schlagen Sie sie im Wörterbuch nach.

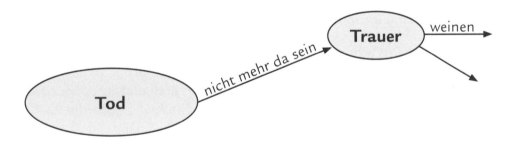

Beileidsbekundungen (Kondolenzschreiben, Trauerkarten) sind auch in der Muttersprache nicht leicht. Das ist verständlich, denn man möchte den richtigen „Ton" treffen, um jemandem zu zeigen, dass man auch traurig ist. Wichtig ist: Wenn Sie keine enge Beziehung zum Empfänger haben, sollten Sie sich auf ein höfliches Maß an Beileidsbekundungen beschränken. Menschen, die einen Angehörigen verloren haben, sind oft sehr verletzbar. Hilfsangebote oder die Einladung zu einem Gespräch und Formulierungen wie „ich bin in Gedanken bei dir" sollten Sie deshalb nur verwenden, wenn Sie tatsächlich eine engere Beziehung zum Adressaten haben und wenn Sie auch tatsächlich bereit sind, für die Person da zu sein.

2 Lesen Sie die beiden Kondolenzschreiben. Zu wem hat Ralf Wissmann eine persönlichere Beziehung? Woran können Sie das erkennen?

1

> Lieber Herr Vonhoff,
>
> ich habe aus der Zeitung erfahren, dass Ihre Schwester am vergangenen Freitag gestorben ist. Ich möchte Ihnen mein Beileid aussprechen und wünsche Ihnen Kraft, mit dem Verlust umzugehen.
>
> Mit stillem Gruß
>
> Ralf Wissmann

2

> *Lieber Markus,*
>
> *ich war tief betroffen, als ich vom Tod deiner Mutter gehört habe. Es fällt mir schwer, die richtigen Worte zu finden. Sag mir Bescheid, wenn du meine Hilfe brauchst. Du weißt, wie du mich erreichen kannst. Ich wünsche dir die nötige Zeit und die Kraft, um diesen schmerzlichen Verlust zu verarbeiten.*
>
> *Mein aufrichtiges Mitgefühl*
>
> *Ralf*

3 **Machen Sie eine Tabelle und ordnen Sie die Sätze ein. Kombinieren Sie dann aus vier Elementen einen Beileidstext. Ergänzen Sie eine passende Anrede und ändern Sie – wenn nötig – die Personalpronomen (du/Sie).**

1. Die Nachricht vom Tod deines lieben Mannes hat uns sehr getroffen. 2. Im Namen aller Kolleginnen und Kollegen 3. Der viel zu frühe Tod deiner Schwester hat mich betroffen und traurig gemacht. 4. Mit stillem Gruß 5. Für die kommende Zeit wünsche ich dir viel Kraft und liebe Menschen, die für dich da sein können. 6. Aus der Zeitung haben wir erfahren, dass Ihr Bruder gestorben ist. 7. Ich wünsche dir die nötige Zeit zum Trauern und auch Kraft, um wieder in die Zukunft blicken zu können. 8. In stiller Trauer 9. Wir möchten Ihnen unser allerherzlichstes Beileid ausdrücken. 10. Wir sprechen dir, deinen Kindern und Angehörigen unser tief empfundenes Beileid aus. 11. Ich möchte dir mein Beileid aussprechen. 12. Wir wünschen Ihnen in dieser Zeit ganz viel Kraft.

Einleitung	Beileid	Wünsche	Gruß

TIPP Gehen Sie in ein Schreibwarengeschäft und sehen Sie sich verschiedene Kondolenzkarten an. Vielleicht finden Sie auch auf den Karten passende Ausdrücke.

5 Bestellungen und Aufträge

5.1 Waren bestellen

A Bestellung – B Lieferschein – C Rechnung – D Überweisung

A Bestellung

Eine Bestellung ist ein Auftrag an eine Lieferfirma, eine bestimmte Ware zu liefern. Oft verwendet man für eine Bestellung ein (elektronisches) Formular. Hier trägt man die Stückzahl oder die Menge, Produktnummern, Namen und Preise der bestellten Dinge ein. Diese Informationen findet man in der Regel in den (elektronischen) Katalogen.

1 Lesen Sie das Bestellformular, sehen Sie sich die Fotos an und ergänzen Sie die Mengen und Gesamtpreise.

Bestellformular

RECHNUNGSADRESSE

Ihre Kundennummer: 8931457

Firma:

Ansprechpartner:

Kostenstelle:

Straße:

PLZ / Ort:

Name des Bestellers:

Telefon:

Fax:

E-Mail:

LIEFERADRESSE (falls abweichend)

Firma:

Ansprechpartner:

Kostenstelle:

Straße:

PLZ / Ort:

○ Bitte schicken Sie mir Ihren aktuellen Hauptkatalog.   ○ Ja, ich möchte auch über das Internet bestellen

○ Bitte schicken Sie mir zukünftig aktuelle Informationen und Angebote per E-Mail

Ihre Bestellnummer:

Umsatzsteuer-Ident.-Nr: D E _ _ _ _ _ _ _ _ _

	Bestellnummer	Produktbeschreibung	Bestellmenge	Mengeneinheit (Stück, Pack, Dose)	Preis pro Mengeneinheit (€)	Gesamtpreis (€)
1	187 057	Kopierpapier, 80 g, 5 x 500			26,86	
2	701 212	Farbpatrone schwarz			12,30	
3	975 060	Kugelschreiber blau			0,80	
4	502 280	Notizzettelblock, 700 Blatt			2,62	
5						
6						
7						
8						
9						
10						
11						
12						
13						
14						
15						

OD OrderGD8_080725

Sämtliche Lieferungen erfolgen zu den im Katalog abgedruckten allgemeinen Verkaufs- und Lieferbedingungen
Office Depot Deutschland GmbH, Linus-Pauling-Straße 2, 63762 Großostheim, Registergericht: Amtsgericht Aschaffenburg
HRB 9351, Geschäftsführer: Jan Willem de Goei, Ernst Wessel, Charles Everett Brown, Dirk Collin

Frachtfreie Lieferung bei Bestellungen ab 49,- €.

Gesamtbetrag: [ ]

Alle Preise in Euro zzgl. MwSt.

Unterschrift des Bestellers: _____   Datum: _____   VB: _____

Office DEPOT

Telefon*: 01805/48 45 23   Internet: www.officedepot.de
Telefax*: 01805/48 45 329   E-Mail: kunden@officedepot.de
*0,14 Euro/Min. aus dem Festnetz der Deutschen Telekom (Für Anrufe aus den Mobilfunknetzen können abweichende Preise gelten)

10x

3x

15x

3x

TIPP   Legen Sie eine Wortschatzliste für oft bestellte Produkte an.

2 Schreiben Sie die Daten von Klaus Hammerschmidt in das Bestellformular aus Aufgabe 1.

KLAUS HAMMERSCHMIDT GMBH

Sekretariat: Andrea Fischer

Bahnhofsplatz 12
48157 Münster
Tel. 0251/66 301-709

3 Besorgen Sie sich einen Versandhauskatalog (z. B. für Kleidung oder Werkzeug).
Wählen Sie fünf Produkte aus und füllen Sie das Bestellformular aus dem Katalog aus.

B Lieferschein

Mit einem Lieferschein dokumentiert die Lieferfirma, was in einer Lieferung enthalten ist. Der Empfänger kann die Lieferung mit dem Lieferschein kontrollieren. Lieferscheine enthalten Angaben über Menge bzw. Stückzahl und Gewicht der Waren sowie das Lieferdatum. In vielen Branchen werden heute elektronische Lieferscheine verschickt.

1 Kontrollieren Sie mit dem Lieferschein die Lieferung auf dem Foto. Was fehlt?

Lieferschein

Kunden-nummer	Auftrags-nummer	Auftrags-eingang	Versanddatum	Versandart	Anzahl Pakete	Gesamt-gewicht	Frachtkosten
77468834	00774878 -002	25/03/09	26/03/09	DPD KSB	1	5	

Lagerort	Menge	Einheit	Artikelnummer	Produkt-Bezeichnung
07 B 02 2B	8	PK	0151538	10 x Tesa Büroklebefilm 15 mm x 10 m
14 B 10 2A B 10 2B	8 8	ST ST	0392527 0392529	edding No. 1 permanent marker schwarz edding No. 1 permanent marker blau
21 C 05 1A	5	ST	0917735	Ordner schwarz 50 mm
21 F 11 1C	5	ST	0917751	Ordner schwarz 80 mm

In einer Rechnung steht, wie viel Geld der Rechnungsempfänger für gelieferte Waren oder durchgeführte Dienstleistungen bezahlen muss. Neben dem Betrag stehen aber auch noch die folgenden Angaben in einer Rechnung: Termin der Lieferung oder Zeitraum der Leistung, Menge und Bezeichnung der gelieferten Produkte, die Netto-Beträge und der Mehrwertsteuer-Betrag, das Datum, eine Rechnungsnummer und die Steuernummer des Absenders.

1 Schlagen Sie unbekannte Wörter im Wörterbuch nach.

Rabatt • Überweisung • Betrag • Skonto • Mehrwertsteuer (MwSt) • netto • Versandkosten • Konto • Bankleitzahl (BLZ)

2 Lesen Sie die Rechnung und tragen Sie die Wörter aus Aufgabe 1 ein.

Rechnung 091219/25

Wir lieferten Ihnen

Menge	Artikel-Nr.	Bezeichnung	Preis	_____ %	Gesamt
2	B - 8827 S	Schreibtischlampe	89,98	10 %	161,97 €
1	W - 6931	Garderobenständer	107,99	–	107,99 €

_____   25,- €

Rechnungs_____   294,96 €

_____ (19 %)   47,10 €

_____betrag   247,86 €

Bei Zahlung innerhalb von 7 Tagen können wir Ihnen 2 % _____ gewähren. Bitte überweisen Sie den Rechnungsbetrag auf unser _____ Nr. 7846429 bei der Dresdner Bank (_ _ _ 590 800 90). Geben Sie bei der _____ bitte die Rechnungsnummer als Verwendungszweck an.

3 Lesen Sie noch einmal den Text über Rechnungen und kontrollieren Sie die Rechnung: Sind alle notwendigen Informationen da? Was fehlt?

4 Ergänzen Sie die Rechnung für die folgende Lieferung. Die Preise finden Sie auf dem Prospekt auf Seite 42.

Lieferschein

Kunden-nummer	Auftrags-nummer	Auftrag Eingang	Versand Datum	Versandart	Anzahl Pakete	Gesamt-gewicht	Frachtkosten
35677805	0344962	08/08/09	10/08/09	Hermes	4	98 kg	

Lagerort	Menge	Einheit	Artikelnummer	Produkt-Bezeichnung
07 H 03 3A	10	PK	0659745	Papierhandtücher, 10 x 500 Bl., grau
07 L 08 5C	4	KA	0698284	Zitro-Handseife, flüssig, 10 l
21 Q 35 2A	5	ST	0833310	Putzhandschuhe, Latex, gelb, Gr. 10

7 Jahre Putzblitz - Reinigungsmittel und Zubehör

Sonderangebote zum Firmenjubiläum

gültig für Bestellungen vom 04.08. bis zum 10.08.2009

% **Papierhandtücher**, 10 x 500 Blatt-Packung, grau
Artikel-Nr.: 0659745, Sonderpreis: **10,67 €**

% **Glasreiniger**, Klarblick, 1,5 l-Flasche
Artikel-Nr.: 0612323, Sonderpreis: **4,77 €**

% **Staubtücher**, waschbar, 5 Stück-Packung
Artikel-Nr.: 0755784, Sonderpreis: **3,47 €**

% **Zitro-Handseife**, flüssig, 10 l-Kanister
Artikel-Nr.: 0698284, Sonderpreis: **25,37 €**

% **Putzhandschuhe**, Latex, gelb, Paar
Artikel-Nr.: 0833310, Sonderpreis: **0,77 €**

solange Vorrat reicht

BESTELLUNGEN AB 27,00 € VERSANDKOSTENFREI!
BEI BESTELLUNGEN ÜBER 70,00 € GIBT ES NOCH EINMAL 7% RABATT!

Rechnung 091034-03

Wir lieferten Ihnen am _____

Menge	Artikel-Nr.	Bezeichnung	Preis	*Gesamt*

Versandkosten _____ €

Gesamtsumme _____ €

Rabatt _____ €

Rechnungsbetrag _____ €

Mehrwertsteuer (19 %) _____ €

Nettobetrag _____ €

Bitte _____ Sie den Rechnungsbetrag innerhalb von vier Wochen auf unser Konto bei der Volksbank Vorbach-Tauber (_____-Nr.: 8976500001, BLZ: 62391420). Bitte geben Sie bei der Überweisung die Rechnungsnummer als _____ an.

D Überweisung

Mit einer Überweisung wird Geld von einem Bankkonto auf ein anderes geleitet (transferiert), um z. B. eine Rechnung bargeldlos zu bezahlen. Mit dem Überweisungsformular wird der Bank mitgeteilt, wer von wem wie viel Geld bekommen soll. Heute werden viele Überweisungen elektronisch gemacht. Für eine elektronische Überweisung muss man die eigene Bankverbindung (also Kreditinstitut, Bankleitzahl und Kontonummer) nicht angeben. Man braucht nur die Bankverbindung des Empfängers, Zugangsdaten für das Bankprogramm und eine TAN-Nummer (= Transaktionsnummer, eine Art Passwort für elektronische Überweisungen).

1 Übersetzen Sie die Wörter in Ihre Muttersprache und tragen Sie die Übersetzungen in die Liste ein.

der (Firmen-)Sitz	
das Kreditinstitut	
die Bankleitzahl	
die Währung	
der Betrag	
der Verwendungszweck	
die Kundennummer	
die Rechnungsnummer	
die Referenznummer	
der Kontoinhaber	
der Einzahler	
der Auftraggeber	
der Empfänger	
der Begünstigte	

2 Sehen Sie sich die Überweisung an und notieren Sie die passenden Wörter vor den Fragen auf Seite 44. Tragen Sie die Antworten ein.

Überweisung　　　　701 500 00　　　　Ang. GS / Hz

S Stadtsparkasse
München

Begünstigter: Name, Vorname/Firma (max. 27 Stellen)
Andreas Mohnhagen Küchen

Konto-Nr. des Begünstigten　　　　　　　　　Bankleitzahl
170422455　Die Durchschrift ist für Ihre Unterlagen bestimmt.　86010090

Kreditinstitut des Begünstigten
Postbank Leipzig

EUR　　Betrag: Euro, Cent
　　　　　　　　－－－－－－432,52

Kunden-Referenznummer - Verwendungszweck, ggf. Name und Anschrift des Überweisenden - (nur für Begünstigten)
Rechnung 090121/27 Küchen-

noch Verwendungszweck (insgesamt max. 2 Zeilen à 27 Stellen)
elemente

Kontoinhaber: Name, Vorname/Firma, Ort (max. 27 Stellen, keine Straßen- oder Postfachangaben)
Nieländer GmbH

Konto-Nr. des Kontoinhabers
84104173　　　　　　　　　　　20

Schreibmaschine: normale Schreibweise!
Handschrift: Blockschrift in GROSSBUCHSTABEN, bitte je Zeichen ein Kästchen verwenden!

111 309.000 So 11009/705

Bitte NICHT VERGESSEN:
Datum/Unterschrift

Datum / Unterschrift
7.1.03 P. Nieländer

Begünstigter = Wer bekommt Geld? _Andreas Mohnhagen Küchen_

_____ = Wie heißt seine Bank? _____

_____ = Wie viel Geld bekommt er? _____

_____ = Für was bekommt er Geld? _____

_____ = Von wem bekommt er Geld? _____

 TIPP Wenn Sie eine Bankverbindung aufschreiben, gliedern Sie die Bankleitzahl (BLZ) so: 443 500 60. So kann man die BLZ besser ohne Fehler übertragen. In Formularen tragen Sie die BLZ ohne Leerstellen ein.

3 Lesen Sie die Rechnung Nr. 091219/25 aus Aufgabe C 2 und tragen Sie alle nötigen Informationen in das elektronische Formular ein.

Neue Überweisung

Schritt 1	Schritt 2	Schritt 3

Konto-Nr.	561995 (GirokontoPlus)	23:17 MEZ 18. August 2008
Empfänger*		▸ Empfängerliste
Kontonummer*		
Bankleitzahl*		▸ Suche
Institut	wird automatisch für Sie eingefügt	
Betrag*		EUR

Ausführungsdatum*

◉ sofort
○ später (bis zu 90 Tage im voraus)

TT	MM	JJJJ

Verwendungszweck

Hinweis: Überweisungen auf ein ebenfalls bei der HypoVereinsbank geführtes Konto werden sofort ausgeführt und können nicht mehr gelöscht werden. Terminüberweisungen auf ein bei der HypoVereinsbank geführtes Konto können bis einen Bankarbeitstag vor der Ausführung gelöscht werden.

☐ Empfängerdaten in Empfängerliste speichern

ABBRECHEN ☒   WEITER ⊙

* Pflichtfelder

TIPP Kopieren Sie Bankleitzahlen, Kontonummern, Rechnungs- oder Kundennummern aus anderen Dateien in die elektronischen Formulare. So können Sie Fehler („Zahlendreher") vermeiden.

5.2 Leistungen in Auftrag geben

E Anfrage – F Angebot/Kostenvoranschlag – G Auftrag – H Auftrags-bestätigung

E Anfrage

Eine Anfrage ist eine Bitte oder Aufforderung an ein Unternehmen, ein Angebot (bzw. einen Kostenvoranschlag) abzugeben. In einer Anfrage steht möglichst detailliert, welche Leistungen (Dienstleistungen) man wünscht, wann oder bis wann man sie wünscht und welche anderen Konditionen gewünscht werden.

1 **Überlegen Sie: Welche Informationen benötigt eine Firma, um Ihnen ein Angebot für die Lieferung und Verlegung von einem neuen Teppichboden machen zu können?**

2 **Ordnen Sie die folgenden Elemente und schreiben Sie die Anfrage als kompletten Geschäftsbrief.**

a) wir benötigen in zwei Büroräumen und in der Eingangshalle einen neuen Fußbodenbelag.

b) Amelie Malus, Sekretariat, Marketing4U

c) Einen Grundriss der Räume finden Sie in der Anlage.

d) Sehr geehrter Herr Kronewald,

e) So würde der normale Betrieb durch das Verlegen der Teppiche nicht gestört.

f) Mit freundlichen Grüßen

g) Bitte schicken Sie uns (wenn es möglich ist, bis zum 14.05.) ein unverbindliches Angebot über Material und Verlegung.

h) In dieser Woche sind die meisten unserer Mitarbeiter nämlich auf einer Fortbildung.

i) Paderborn, 27.04.2009

j) **Anfrage / Teppichboden**

k) Wenn Sie Fragen haben, können Sie mich gern unter 05251/40891-0 anrufen.

l) In diesen Räumen haben wir viel Kundenverkehr, deshalb möchten wir gern einen Teppichboden, der strapazierfähig und pflegeleicht ist.

m) Können Sie in der letzten Woche im Mai liefern und verlegen?

n) Die Farbe sollte blau für die Büros sein und grau für die Eingangshalle.

o) Die zwei Büros sind jeweils ca. 30 qm groß, die Eingangshalle etwa 42 qm.

Marketingagentur
Marketing4U

Amelie Malus
Sekretärin

ahornallee 44 - 33106 paderborn
☎ + 49 5251 4 08 91-0
🖷 + 49 5251 4 08 91-16
a.malus@marketing4u.de

Teppiche

Kronewald Böden KG 33100 Paderborn
Driburger Straße 56 .... (05251) 195688-0

_____

_____

_____

_____

_____

_____, _____

_____

_____,

3 Lesen Sie die drei Situationen und die Stichpunkte. Wählen Sie eine der drei Situationen und schreiben Sie dann mithilfe der Stichpunkte eine Anfrage.

a) Ihre Firma benötigt eine neue Reinigungsfirma. Schreiben Sie an Herrn Aschenbrenner von der Gebäudereinigung *Clean all day* eine Anfrage.

benötigt werden: professionelle und zuverlässige Reinigung für Büroräume – Gebäudegrundriss in der Anlage – Fußbodenreinigung + Toilettenreinigung: täglich einmal zwischen 17:30 und 6:00 Uhr – Fenster putzen: alle zwei Wochen – unverbindliches Angebot (Termin?)

b) Die Firmen-Homepage soll neu gestaltet werden. Schreiben Sie an Frau Söder-Wermeling von der Firma Webdesign Möller & Partner eine Anfrage.

benötigt werden: Neugestaltung der Firmen-Homepage – Werbevideo in die bestehende Homepage einbauen – Werbevideo als Datei im Anhang – Firmen-Logo austauschen – neues Firmen-Logo im Anhang – Navigation übersichtlicher gestalten – (Termin bis wann?) – unverbindliches Angebot (so schnell wie möglich)

c) Sie müssen für ein Firmenjubiläum Essen und Getränke organisieren. Schreiben Sie Herrn Schönherr von der Firma Jansen Catering eine Anfrage.

benötigt werden: warmes Essen + Getränke, 120 Personen – Termin (Datum und Uhrzeit) – Vorspeise? – Hauptgericht/Beilagen? – Nachspeise? – Getränke? – Geschirr, Besteck, Gläser – Bedienung – unverbindliches Angebot (Termin?)

Sie müssen nur feiern! *Wir liefern Ihnen warme und* *kalte Gerichte* *Wir zapfen Pils und mixen Cocktails* *Wir bedienen Sie* *Fordern Sie unseren Katalog an!* Jansen-Catering@freenet.de Peter Jansen KG, Catering - Tel.: 030 / 4 02 77 01 Sonnenstraße 12 - 13437 Berlin	„Clean all day" Gebäudereinigung Meisterbetrieb **Tel.: 08631 - 99 33 43** Oderstraße 18 - 84753 Mühldorf **clean-all-day@arcor.de**	wir gestalten Ihre Homepage Webdesign Möller & Partner Webdesign-Moeller-und-Partner@t-online.de www.WebdesignMoellerPartner.com Schillerstr. 56 - 33604 Bielefeld Tel.: 05202 - 71 34 57

4 Kontrollieren Sie in Ihrem Text aus Aufgabe 3: Ist das Verb in Haupt- und Nebensätzen an der richtigen Stelle?

F Angebot/Kostenvoranschlag

Ein Kostenvoranschlag (auch Angebot) beschreibt möglichst genau eine Leistung und das benötigte Material. Er enthält zusätzlich folgende Informationen: die Preise pro Stunde/Einheit, den Gesamtbetrag, die enthaltene Mehrwertsteuer, Angaben zum Skonto, den Termin der Ausführung, die Zahlungsbedingungen, eine Frist, bis wann der Kostenvoranschlag gültig ist, und eventuell ergänzendes Material wie Prospekte, Zeichnungen oder die allgemeinen Geschäftsbedingungen. Im Idealfall sollten Kostenvoranschlag und Rechnung im Preis identisch sein. Bei Reparaturen z. B. kann man aber nicht immer genau sagen, wie lange sie dauern. Deshalb nennt man in einem Angebot nur den Preis pro Arbeitsstunde, einen ungefähren Preis oder man einigt sich auf einen Festpreis.

1 Schlagen Sie unbekannte Wörter aus dem Text oben im Wörterbuch nach und ordnen Sie die markierten Wörter den Sätzen/Wörtern a)–g) zu.

a) Wir können die Arbeiten in der 15. Kalenderwoche bei Ihnen ausführen. *der* _____

b) Wenn Sie innerhalb von 7 Tagen zahlen, können Sie 2 % vom Gesamtbetrag abziehen.
   der/das _____

c) Dieses Angebot ist gültig bis zum 21.02.2009. *die* _____

d) Der Rechnungsbetrag wird 10 Tage nach Erhalt der Rechnung ohne Abzug fällig.
   die _____

e) MwSt (19 %): *die* _____

f) Lieferung und Montage: *die* _____

g) Schrauben, Feingewinde, 4,5 mm: *das* _____

2 **Lesen Sie den folgenden Kostenvoranschlag und tragen Sie die fehlenden Wörter in die Lücken ein.**

haben • können • Auftrag • sehr • Termin • geehrte • Ihnen

Kostenvoranschlag

Sehr _____ (1) Frau Malus,

wir danken _____ (2) herzlich für Ihr Interesse. Nachstehend erhalten Sie unseren Kostenvoranschlag:

Raum	Schnittmaß Länge	Breite	Beschreibung	Menge	Einheit	Preis	Betrag
Büro 1	500	600	Twist Teppichboden, blau	30	m²	14,95	448,50
Büro 2	500	610	Twist Teppichboden, blau	30,5	m²	14,95	455,97
Eingangshalle	500	845	Twist Teppichboden, grau	42,25	m²	14,95	631,64
			Teppicheinklebeleiste	18	Stück	4,00	72,00
			Verlegung	90	m²	1,55	139,50
			Fixierung auftragen	90	m²	1,00	90,00
			Fixierung	90	m²	2,45	220,50

Total   **€ 2058,11**
im Betrag enthaltene MwSt (19 %)   € 328,61

Als Liefer- und Verlege-Termin _____ (3) wir Ihnen den 25.05.2009 anbieten. Wir haben

diesen _____ (4) für Sie vorgemerkt.

Wenn Sie Fragen oder Wünsche _____ (5), rufen Sie einfach an. Sie können uns telefonisch

unter (05251) 195688-0 erreichen. Über einen _____ (6) von Ihnen würden wir uns

_____ (7) freuen.

Mit freundlichen Grüßen

Valentin Kronewald

---

3 Welche Formulierungen aus dem Kostenvoranschlag können Sie in anderen Angeboten/ Kostenvoranschlägen auch verwenden? Notieren Sie Redemittel aus dem Angebot wie im Beispiel. Ergänzen Sie auch Redemittel aus Aufgabe 1.

Wir danken Ihnen herzlich für + Akk.

Nachstehend erhalten Sie + Akk.

_____

_____

_____

_____

4 Ergänzen Sie mit den Redemitteln aus Aufgabe 1 und 3 das Angebot für die Anfrage von Herrn Biermann.

Hannover, den 27.04.2009

Anfrage

Sehr geehrte Damen und Herren,

unsere Firma macht am 24.07.2009 einen Betriebsausflug. Wir werden gegen 19:00 Uhr mit dem Reisebus in Münster ankommen und suchen für den Abend ein passendes Lokal für Abendessen, Bowling und Übernachtung. Wir sind 52 Personen.

Bitte schicken Sie uns ein unverbindliches Angebot für Abendessen, Bowling, Übernachtung und Frühstück. Die Getränke am Abend zahlen die Mitarbeiter selbst.

Mit freundlichen Grüßen

Martin Biermann

Münster, 05.05.2009

Angebot 07/05

_____,

_____

_____ unser Angebot:

	Beschreibung	Einzelpreis/ EUR	Menge/Einheit	Gesamt/EUR
1	Abendessen (3-Gänge-Menü)	12,–/Person	52 Personen	624,–
2	Doppel-Bowlingbahn, Raummiete 20:00–01:00	80,–/Stunde	5 Stunden	400,–
3	Übernachtung (Doppelzimmer)	65,–/Person	52 Personen	3380,–

Total € 4404,–

im Betrag enthaltene MwSt (19 %) € 836,76

Unsere Stornobedingungen:
- kostenlose Stornierung bis 8 Wochen vor Anreise
- 50 % der Übernachtungskosten bis 6 Wochen vor der Anreise
- 70 % der Übernachtungskosten bis 14 Tage vor der Anreise
- 80 % der Übernachtungskosten

Den 24.07.2009 haben wir für Sie _____. Wenn Sie das _____ nutzen möchten, können Sie gern auch telefonisch reservieren.

Die Vormerkung löschen wir automatisch nach vier Wochen.

Wenn _____

_____

Über eine Reservierung von Ihnen _____

_____

_____

_____

_____

TIPP Speichern Sie häufig gebrauchte Textelemente (wie z. B. Lieferbedingungen) als Textbausteine ab. Sie brauchen Sie dann jeweils nur einzufügen.

G Auftrag

Ein Auftrag kann telefonisch, mündlich oder schriftlich erteilt werden. Wenn der Auftrag nach einem Angebot erteilt wird, sollte er einen deutlichen Bezug zum Angebot enthalten.

1 **Lesen Sie den Auftrag und schreiben Sie selbst einen Auftrag mit den Stichpunkten unten.**

Hamburg, den 26.05.2009

Auftrag/Ihr Angebot vom 23.05.2009

Sehr geehrte Frau Köhler,

vielen Dank für Ihr Angebot.

Wir möchten, dass Sie die Malerarbeiten entsprechend Ihrem Angebot vom 23.05.2009 ausführen. Können Sie am 12.06.2009 mit den Arbeiten anfangen?

Mit freundlichen Grüßen

Eckhard Peltzer

Herr Rutkowski • Angebot 27.7.2009 • Dank • Fenster-Reparaturen entsprechend Angebot ausführen

H Auftragsbestätigung

Ausführliche Auftragsbestätigungen (in denen die Konditionen des Auftrags genannt werden) schreibt man nur dann, wenn ein Auftrag mündlich oder telefonisch erteilt wurde oder wenn es ohne Angebot zum Auftrag kommt. Der Auftragnehmer teilt dem Auftraggeber dann mit, unter welchen Konditionen er den Auftrag durchführt.

1 **Lesen Sie die Auftragsbestätigung und schreiben Sie dann selbst für den Auftrag aus G 1 eine Auftragsbestätigung.**

Ihr telefonischer Auftrag vom 11.09.2009

Sehr geehrte Frau Veit,

herzlichen Dank für Ihren Auftrag.

Wir kommen am 18. September zwischen 9:00 und 12:00 Uhr zu Ihnen und werden die neue Alarmanlage installieren.

Vielen Dank und freundliche Grüße

Max Kammhuber

5.3 Wenn etwas schiefgeht

I Absage des Auftraggebers – J Absage des Anbieters – K Bitte um Stornierung – L Reklamation – M Entschuldigung – N Zahlungserinnerung

I Absage des Auftraggebers

Der (potentielle) Auftraggeber informiert den Anbieter mit einer Absage, dass er keinen Auftrag erteilt. Diese Absage ist zwar rechtlich nicht vorgeschrieben, gehört aber zu einer guten Geschäftskommunikation. Eine Begründung ist nicht erforderlich, gehört aber zum „guten Ton".

1 **Lesen Sie die Absage und schreiben Sie mit den Stichwörtern eine Absage an Frau Oberstein.**

Herford, 31.10.2009

Ihr Angebot vom 28.10.2009 / Absage

Sehr geehrter Herr Steinhardt,

wir danken Ihnen für Ihr Angebot.

Ihre Preise sind um 10 bis 12 Prozent höher als die Ihrer Konkurrenz. Deshalb haben wir uns für einen anderen Lieferanten entschieden.

Mit freundlichen Grüßen

Olga Mann-Schmittkowski

Anrede • Dank für Kostenvoranschlag • Kosten für Reparatur von Firmenwagen zu hoch • Geschäftsleitung: Kauf eines neuen Firmenwagens • Gruß

Reparatur Firmenwagen / Absage

Sehr _____,

vielen _____.

Die Kosten _____.

Unsere Geschäftsleitung _____.

_____

_____

J Absage des Anbieters

Die Absage des Anbieters ist eine Nachricht an den (potentiellen) Auftraggeber, dass er kein Angebot abgeben oder einen Auftrag nicht ausführen kann. Mit der Absage verbindet man oft ein alternatives Angebot für den Auftraggeber, damit es doch noch zu einem Auftrag kommt.

1 **Lesen Sie die Textabschnitte und geben Sie der Absage eine sinnvolle Reihenfolge.**

☐ a) Wir haben vom 20.07. bis zum 31.07.2009 Betriebsferien.

☐ b) Martin Multmeier

☐ c) Über einen weiteren Kontakt mit Ihrer Firma würden wir uns sehr freuen.

☐ d) Sehr geehrte Frau Menninghoff,

☐ f) vielen Dank für Ihre Anfrage.

☐ g) Mit freundlichen Grüßen

☐1 h) **Absage / Ihre Anfrage vom 13.07.2009**

☐ i) Deshalb können wir an dem von Ihnen gewünschten Termin (22.07.2009) die Umbauarbeiten an Ihrer Laderampe nicht durchführen.

☐ j) Bitte teilen Sie uns mit, ob Sie Interesse an einem Angebot für einen späteren Zeitpunkt haben.

2 **Formulieren Sie zu verschiedenen Situationen eine Absage. Achten Sie auf die Position des Verbs.**

gewünschter Termin ist nicht möglich • zum gewünschten Termin sind Betriebsferien • die letzte Rechnung des Kunden ist noch nicht bezahlt • mehrere Mitarbeiter sind krank • Produkt ist nicht mehr lieferbar

a) Wir können Ihren Auftrag (leider) nicht annehmen, denn _____

_____ .

b) Wir können _____ ,

weil _____ .

c) Wir _____ ,

da _____ .

d) _____ .

Deshalb können wir Ihren Auftrag (leider) nicht annehmen.

e) _____ .

Daher können _____ .

3 Schreiben Sie jetzt eine komplette Absage: Ihr Auftraggeber ist Herr Budde. Herr Budde hat bei Ihnen die Lieferung und den Einbau von neuen Fenstern für die nächste Woche in Auftrag gegeben. Bei Ihnen sind aber mehrere Mitarbeiter krank und Sie können die Fenster frühestens in 4 Wochen einbauen.

K Bitte um Stornierung

Mit einer Stornierung macht man einen bereits erteilten Auftrag oder eine Bestellung rückgängig. Die Bedingungen für eine Stornierung werden in der Regel bereits mit dem Angebot mitgeteilt. Manchmal müssen Stornierungsgebühren oder Vertragsstrafen gezahlt werden.

1 Lesen Sie noch einmal das Angebot in F 4 und beantworten Sie die Fragen.

a) Was muss an Stornogebühren bezahlt werden, wenn Herr Biermann am 10.06.2009 um Stornierung seiner Reservierung bittet?

b) Müssen Stornogebühren bezahlt werden, wenn Herr Biermann am 19.05.2009 um Stornierung bittet?

2 Lesen Sie die Bitte um Stornierung und ergänzen Sie die fehlenden Wörter.

Bitte _____ Stornierung

_____ geehrte _____ Koslowski,

wir _____ Sie _____ Stornierung unserer Reservierung _____ 15.05.2009 bitten.
Unser Betriebsausflug _____ leider wegen dringender Auftragsarbeiten später stattfinden.

Mit _____ Grüßen

Martin Biermann

3 Schreiben Sie jetzt eine komplette Bitte um Stornierung: Sie haben Kalender bestellt und die Bestellung versehentlich zweimal (23.04. und 24.04.) an die Firma „Paper 'n Function" geschickt. Bitten Sie Frau Dollinger um Stornierung einer Bestellung.

L Reklamation

Wenn bei einer Lieferung etwas fehlt, wenn etwas Falsches geliefert wurde, fehlerhaft oder kaputt ist, oder wenn bei einem Auftrag etwas nicht, falsch oder fehlerhaft gemacht wurde, sollte man das sofort reklamieren. Wichtig bei einer Reklamation ist eine klare Darstellung dessen, was reklamiert wird, und vielleicht auch ein Vorschlag, wie die beanstandete Sache aus Ihrer Sicht reguliert werden könnte (zum Beispiel Preisnachlass, Umtausch, Reparatur).

1 Sehen Sie sich die Zeichnung an. Was könnte der Mann bestellt haben? Was hat er bekommen? Was ist daran falsch/fehlerhaft? Schreiben Sie drei Reklamationen wie in den Beispielen.

Ich habe einen Fernseher bestellt, aber Sie haben mir einen Staubsauger geliefert.

Ich habe einen gelben Pullover bestellt, aber Sie haben mir einen blauen Pullover geliefert.

Bei der von Ihnen gelieferten Digitalkamera ist das Display kaputt.

_____

_____

_____

2 **Ergänzen Sie die Reklamation von Herrn Vehling.**

austauschen • beschädigen • befinden • installieren • bitten • liefern

Reklamation

Sehr geehrter Herr Kampnagel,

am 17. März 2009 haben Ihre Mitarbeiter neue Deckenlampen ge_____ und

_____. Dabei haben sie zwei Lampen _____. An den Lampenschirmen

_____ sich jetzt etwa 10 cm lange Kratzer. Ich möchte Sie daher _____,

die zwei beschädigten Lampen umgehend _____zu_____.

Mit freundlichen Grüßen

Peter Vehling

3 **Wählen Sie eine der Situationen a) oder b) und schreiben Sie eine passende Reklamation dazu.**

a) Herr Assmann – wir: 28.07.2010 bestellt: 2500 weiße Kugelschreiber mit Werbeaufdruck in Blau – Sie: 19.08.2010 geliefert: 2000 weiße Kugelschreiber mit Werbeaufdruck in Grau – Bitte: so schnell wie möglich bestellte Menge mit korrektem Aufdruck liefern

b) Frau Söder – 26.01.2009: Kopierer geliefert und aufgestellt – dabei: Gehäuseteil des Kopierers beschädigt – Bitte: beschädigtes Teil austauschen

TIPP Bei vielen Lieferanten gibt es bereits mit jedem Lieferschein ein Retouren-Formular. Darauf müssen Sie lediglich ankreuzen, warum Sie das Produkt zurückschicken. Informieren Sie sich aber vorher über die genauen Rücksendebedingungen.

M Entschuldigung

Eine Entschuldigung schreibt die Firma, die etwas falsch geliefert oder einen Auftrag nicht richtig ausgeführt hat. Man möchte den Kunden nicht gerne verlieren, zeigt Verständnis für die Situation des Kunden, entschuldigt sich und bietet eine Regulierung oder einen Ersatz an.

1 **Lesen Sie die Ausdrücke, die zeigen, dass Sie die Situation Ihres Kunden verstehen. Welche passen in einen Geschäftsbrief? Kreuzen Sie an und ergänzen Sie die Satzanfänge mit den Situationen aus L 3.**

a) ☐ Ich kann verstehen, dass Sie verärgert sind, weil unsere Mitarbeiter _den Kopierer_

beschädigt haben.

b) ☐ Ich verstehe, dass Sie wegen _____ enttäuscht sind.

c) ☐ Bitte haben Sie Verständnis für diesen Fehler.

d) ☐ Sie haben aber auch ein Pech! So etwas ist unseren Mitarbeitern noch nie passiert.

e) ☐ Ich kann mir gut vorstellen, dass Sie enttäuscht sind, weil _____

_____

f) ☐ Ich wäre an Ihrer Stelle auch stinksauer.

g) ☐ Ich bin auch immer sofort wütend, wenn etwas nicht so läuft wie abgesprochen.

h) ☐ Wir bedauern sehr, dass _____

_____

2 **Ergänzen Sie die Formulierungen für Regulierungen mit den Vorschlägen.**

Ersatzgerät zur Verfügung stellen • Geld zurückbekommen • Lieferung austauschen • Preisnachlass gewähren • kostenlos reparieren • defekten Apparat ersetzen

a) Die _____ werden wir so schnell wie möglich _____.

b) Wir werden Ihnen den Kopierer selbstverständlich _____ _____.

c) Wir können Ihnen ein _____ _____ _____ _____,

bis Sie das neue Gerät erhalten.

d) Wir können Ihnen anbieten, den _____ _____ zu _____.

Die Portokosten übernehmen wir selbstverständlich.

e) Sie können selbstverständlich Ihr _____ _____.

f) Wir können Ihnen als Entschädigung einen _____ von 20 % _____.

3 Kombinieren Sie Elemente aus den Aufgaben 1, 2 und 3 zu einem kompletten Entschuldigungsschreiben zu der Reklamation in L 2.

Sehr geehrter Herr Vehling,

_____, dass unsere Mitarbeiter

Ihre neuen Deckenlampen beschädigt haben. Dafür _____

_____. Wir werden selbstverständlich

_____ so schnell wie möglich _____.

Mit freundlichen Grüßen

Hans-Peter Kampnagel

N Zahlungserinnerung (= Mahnung)

Eine Zahlungserinnerung schickt man an Kunden, die ihre Rechnung innerhalb der vereinbarten Frist (die auf der Rechnung angegeben ist) noch nicht bezahlt haben. Spätestens 30 Tage nach Erhalt der Rechnung gerät der Schuldner „in Verzug". Der Gläubiger (= der Rechnungssteller) kann dann Verzugszinsen berechnen. Die maximale Höhe dieser Zinsen ist gesetzlich festgelegt.

1 Lesen Sie die Zahlungserinnerung und ordnen Sie die Stichwörter den Textabschnitten zu.

a) Bitte um Überprüfung und Überweisung
b) Erinnerung gegenstandslos, falls Betrag bereits überwiesen
c) Fragen?
d) Aufstellung / Kopien der offenen (= noch nicht bezahlten) Rechnungen
e) Anrede
f) Betreff
g) Grußformel
h) Ort + Datum
i) Name, Abteilung/Position, Firma

☐ Bamberg, 13.02.2009

Zahlungserinnerung ☐

Sehr geehrte Frau Rabben, ☐

für die unten aufgeführten Posten konnten wir bis heute keinen Zahlungseingang feststellen. Wir bitten Sie, die beigefügte Aufstellung zu überprüfen und den ausstehenden Gesamtbetrag auf eines unserer Konten zu überweisen. Bitte geben Sie bei der Überweisung die Rechnungs- und die Kundennummer als Verwendungszweck an. ☐

Sollten Sie den Betrag bereits überwiesen haben, betrachten Sie diese Erinnerung als gegenstandslos. ☐

Wenn Sie Fragen haben, können Sie uns unter der oben angegebenen Telefonnummer erreichen. ☐

Mit freundlichen Grüßen ☐

Alois Knorrn
Buchhaltung
Bamado Werbedruck Maschke & Dorn GmbH ☐

Anlage: Kopien der offenen Rechnungen ☐

Rg.-Nummer	Rg.-Datum	Betrag (EUR)	Text
500001768	04.12.2008	585,–	Vorlagenerstellung Firmen-Prospekte
500001769	18.12.2008	2400,–	2000 Firmen-Prospekte DIN A4

Summe fälliger Posten (EUR) 2985,–

2 Ergänzen Sie die Erinnerung. Sie können dabei Elemente aus N 1 benutzen.

_____, _____

_____

_____ _____ Herr Fillinger,

für die _____ angegebenen Posten _____ wir bis heute noch _____ Zahlung

erhalten. _____ überprüfen Sie die Aufstellung der noch ausstehenden Rechnungsbeträge und

_____ Sie den _____ auf unser Firmenkonto. Geben Sie

_____ bei der Überweisung Ihre Kundennummer als _____ an.

Wenn Sie den Betrag _____ überwiesen haben, sehen Sie bitte diese _____ als

gegenstandslos an.

Bei Fragen erreichen Sie mich unter der _____ 04621/8310-13.

_____ _____ Grüßen

_____

3 Nehmen Sie einen Versandhauskatalog und füllen Sie das Bestellformular für die ersten beiden Produkte im Katalog aus. Schreiben Sie dann eine Rechnung und eine Erinnerung als Mitarbeiter des Versandhauses.

6 Arbeitssuche und Arbeitsplatz

A Stellengesuch – B Bewerbungsschreiben – C Lebenslauf – D Kündigung

A Stellengesuch

Ein Stellengesuch ist eine Anzeige in der Zeitung oder im Internet, mit der eine Privatperson eine Arbeitsstelle sucht. Zeitungen berechnen in der Regel die Preise für Stellengesuche nach der Größe (Anzahl an Zeichen oder Zeilen) und der Formatierung (Fettschrift). Oft enthalten Stellengesuche (ähnlich wie Wohnungsanzeigen) deshalb viele Abkürzungen. Verwenden Sie aber nicht zu viele Abkürzungen – der Text liest sich schlechter und ein möglicher Arbeitgeber „überliest" dann vielleicht Ihre Anzeige.

1 Sehen Sie sich die Wörter und Redemittel an und ergänzen Sie wichtige Wörter und Formulierungen für Ihren Beruf/Arbeitsbereich.

Berufsbezeichnungen	Beschreibungen	Arbeitsbedingungen
– Sekretärin/Sekretär	– arbeiten als …	– Teilzeit
– Kaufmann/Kauffrau	– arbeiten in/bei …	– 8 Stunden am Tag
– Elektriker/-in	– eine Stelle suchen als …	– selbstständig arbeiten
– Programmierer/-in	– sich beruflich neu	– ....
–	orientieren	– ....
–	–	– ....
–	–	– ....
–	–	– ....

2 Lesen Sie das Stellengesuch und schreiben Sie die vollständigen Sätze darunter.

Bürokauffrau, suche baldmöglichst Teilzeitstelle, ausgezeichnete Computerkenntnisse Word/Excel, Buchführungskenntnisse, Rechnungs-/Mahnwesen, teamfähig oder selbstständiges Arbeiten, 0231/5578904

Ich bin eine _Bürokauffrau_ .

Ich suche eine _____.

Ich habe _____ _____ und _____.

Ich kenne mich im _____ und _____ aus.

Ich bin _____ und kann _____ _____.

Meine Telefonnummer ist: _____

3 Ergänzen Sie passende Adjektive in der Anzeige. Nicht alle Adjektive passen. Achten Sie auf die Endungen.

ausgezeichnet • kompetenter • engagiert • neue • freundliche • langjähriger • flexibel • verantwortungsvoller

Kaufmännische Angestellte, _____ und _____, mit

_____ Erfahrung im Geschäftsleitungs-Sekretariat, sucht _____

Herausforderung im Raum Dortmund/Bochum in Voll- oder Teilzeit.

4 Beantworten Sie für Ihren (Wunsch-)Beruf die folgenden Fragen. Benutzen Sie, wenn nötig, ein Wörterbuch.

1) Was müssen Sie in dem Beruf machen? (Tätigkeiten, mindestens 2 Verben)
2) Arbeitet man allein oder im Team?
3) Mit welchem Material arbeitet man in dem Beruf?
4) Mit wem (andere Berufe/Berufsgruppen) arbeitet man dort zusammen?
5) Wer sind die Kunden/Klienten/...?
6) Was produziert man in dem Beruf?
7) Was macht man für andere? (Produkt/Dienstleistung)
8) Was ist noch charakteristisch für den Beruf?

5 Ergänzen Sie die folgende Liste mit Informationen zu Ihrer Person.

Alter: _____

Berufsbezeichnung: _____

Berufserfahrung: _____

Qualifikation: _____

Charakter: _____

berufliche Zielvorstellungen: _____

Einsatzgebiet: _____

Kontakt: _____

6 Was sind Ihre drei wichtigsten berufsbezogenen Qualifikationen oder Eigenschaften? Überlegen Sie, was Arbeitgeber an Ihnen gut finden könnten. Formulieren Sie Sätze wie im Beispiel.

Ich kann gut organisieren. Ich arbeite gern im Team.

TIPP Legen Sie eine Liste mit Wortschatz und Redewendungen zum Thema „Ich, meine Ausbildung, meine Arbeit" an.

7 Schreiben Sie jetzt selbst ein Stellengesuch. Machen Sie zuerst Notizen. Formulieren Sie daraus vollständige Sätze und kürzen Sie dann den Text, bis er in die Leerfelder passt. Sie haben 200 Zeichen zur Verfügung. Denken Sie an die Leerzeichen zwischen den Wörtern.

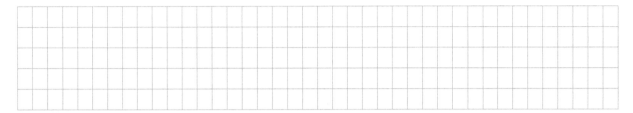

TIPP   Schreiben Sie Ihren Beruf oder eine berufliche Qualifikation an den Anfang Ihrer Anzeige. Das funktioniert wie eine Betreffzeile.

8 Sammeln Sie in der Tageszeitung oder im Internet Stellengesuche mit Ihrem Beruf und vergleichen Sie sie. Wählen Sie die besten Formulierungen aus und kombinieren Sie ein neues Gesuch.

B   Bewerbungsschreiben

1 Lesen Sie den Text, markieren Sie wichtige Punkte und machen Sie eine Check-Liste für Bewerbungsschreiben.

Mit dem Bewerbungsschreiben bewirbt man sich um eine Arbeitsstelle. Die wichtigste Funktion eines Bewerbungs-schreibens ist, den Empfänger (z. B. den Personalchef) davon zu überzeugen, dass man für eine Stelle die geeignete Person ist. Dies soll durch positive Informationen über die eigene Person erreicht werden.

Es gibt zwei Formen der Bewerbungsschreiben: die Blind- oder Initiativbewerbung, die man ohne Stellenanzeige an eine Firma schreibt, und die Bewerbung auf eine Stellenanzeige hin. Wenn Sie mit Ihrer Bewerbung auf eine Stellenanzeige reagieren, sollten Sie die in der Anzeige beschriebenen Anforderungen an die berufliche Qualifikation erfüllen.

Das Bewerbungsschreiben wird zusammen mit der Bewerbungsmappe abgeschickt. Die Bewerbungsmappe ent-hält: Deckblatt mit Name, Anschrift und Porträt-Foto, Lebenslauf, Kopien von Schul- und Arbeitszeugnissen und eventuell Kopien von Bescheinigungen und Empfehlungen.

Die Form des Bewerbungsschreibens entspricht der eines offiziellen Briefs (siehe Kapitel 1). Der eigentliche Brieftext sollte folgende Punkte enthalten: – wie man auf die Stelle/Firma aufmerksam wurde – Begründung dafür, warum man an der Tätigkeit interessiert ist – gegenwärtige Tätigkeit – eigene Erfahrungen und Fähigkeiten – eigene Ziel-vorstellungen – Datum des möglichen Arbeitsbeginns – Bereitschaft zu einem Vorstellungsgespräch – eventuell Gehaltsvorstellung.

Das Bewerbungsschreiben sollte nicht länger als eine Seite sein. Formfehler im Bewerbungsschreiben sind oft schon der Grund für eine Absage, daher sollten Sie Ihr Bewerbungsschreiben sehr sorgfältig verfassen. Schreiben Sie vollständige, aber keine langen oder komplizierten Sätze. Neue und wichtige Informationen an den Anfang!

Bei manchen Stellenausschreibungen sind heute auch Bewerbungsschreiben per E-Mail möglich. Hier gelten die Regeln für eine geschäftliche E-Mail. Lebenslauf, Zeugnisse etc. werden nach Bedarf eingescannt und als Dateien an die Mail angehängt.

Bewerbungsschreiben
- Anforderungen in der Anzeige?
- Bewerbungsmappe: Deckblatt, ...
- Bewerbungsschreiben = offizieller Brief
- Text: ...

2 Ergänzen Sie die fehlenden Wörter im Bewerbungsschreiben.

bewerben • als • schnell • Stellenanzeige • abgelegt • Berufserfahrungen • Team • regelmäßigen • zur • mich • vor • persönlichen • nach • Stelle • würde • eine

Bewerbung als Bürokauffrau / Ihr Stellenangebot in der WAZ vom 22. Februar 2009

Sehr geehrter Herr Nüske,

in Ihrer _____ (1) vom 22. Februar suchen Sie eine Bürokauffrau. Ich möchte

_____ (2) gern um diese Stelle _____ (3).

Ich bin _____ (4) zwei Monaten mit meiner Familie aus Pfaffenhofen

_____ (5) Wuppertal gezogen. Deshalb suche ich jetzt eine _____ (6) im

Ruhrgebiet.

Ich habe bei der Hipp AG _____ (7) Ausbildung _____ (8) Bürokauf-

frau gemacht und war danach vier Jahre bis Dezember 2008 bei der Hipp AG _____ (9)

Bürokauffrau in der Marketing- und Vertriebsabteilung angestellt. Neben

_____ (10) betriebsinternen Fortbildungen habe ich im letzten Jahr eine

Prüfung in Business English _____ (11).

Ich habe gelernt, im _____ (12) zu arbeiten und auch in Stresssituationen den Überblick zu

behalten. Meine persönliche Stärke ist, dass ich mich _____ (13) in neue Aufgaben-

bereiche einarbeiten kann.

Ich denke, dass meine bisherigen _____ (14) auch in Ihrem Betrieb von

Nutzen sein können, und _____ (15) mich freuen, wenn Sie mir Gelegenheit zu einem

_____ (16) Gespräch geben würden.

Mit freundlichen Grüßen

3 Lesen Sie die Sätze und Satzfragmente aus einem Bewerbungsschreiben und schreiben Sie sie in der richtigen Reihenfolge ab. Ihre Check-Liste aus Aufgabe 1 hilft.

a) Ich habe zwei Jahre als ... gearbeitet. Deshalb kenne ich den Aufgabenbereich ganz gut.
b) Mit großem Interesse habe ich die Stellenanzeige auf Ihrer Homepage gelesen, weil ich ...
c) Ich arbeite zurzeit als ... bei ... in ...
d) Über eine Einladung zu einem Vorstellungsgespräch würde ich mich sehr freuen.
e) Ich könnte zum ... bei Ihnen anfangen.
f) Bewerbung als ... / Ihre Stellenanzeige vom 23. Januar 2009 im Internet

1) _____

2) _____

3) _____

4) _____

5) _____

6) _____

4 Lesen Sie die Stellenanzeigen und schreiben Sie eine Liste wie im Beispiel. Tragen Sie die Informationen zu den Stellen in die Liste ein. Für fehlende Informationen schreiben Sie ein Fragezeichen.

Wir suchen für unseren ambulanten OP-Bereich zum nächstmöglichen Termin eine/n flexible/n und teamfähige/n

Krankenschwester/-pfleger bzw. Operationstechnische/n Assistent/in bzw. Medizinische/n Fachangestellte/n

in Vollzeit, OP-Erfahrung wäre von Vorteil. Bitte senden Sie Ihre Bewerbung mit den üblichen Unterlagen an die

Augenärztliche Gemeinschaftspraxis GbR
– Augenklinik Saar –
Herrn Dr. Holtmann
Uferstr. 11–13
66111 Saarbrücken

Zum 1. August 2009 suchen wir eine/n

Auszubildende/n für den Beruf Kaufmann/ -frau im Großhandel.

Schulische Voraussetzung ist ein Realschulabschluss, außerdem erwarten wir Engagement und Zuverlässigkeit von unserem zukünftigen Auszubildenden.

Ihre aussagefähigen Unterlagen senden Sie bitte an folgende Adresse:

DMB Baustoffhandel GmbH
Heinrich-Hertz-Str. 30
47057 Duisburg
Tel. 0203 – 333 21 11

Mitarbeiter Call-Center (w/m)

Als Mitarbeiter/in für unsere Kunden-Hotline bringen Sie eine angenehme Stimme und gute Kenntnisse auf dem Gebiet der Haushaltsgeräte und Unterhaltungselektronik mit.

Sie sind freundlich und verstehen sich als 100%iger Dienstleister, denn Sie sind für unsere Kunden Ansprechpartner bei Fragen über unser Produktsortiment und unsere Serviceleistungen. Außerdem geben Sie unseren Kunden Auskunft über Liefertermine bestellter Ware und den Stand von Reparaturaufträgen.

Sie arbeiten in einem kleinen Team innerhalb der gewohnten Ladenöffnungszeiten. Erfahrungen in der telefonischen Kundenbetreuung sind erwünscht, ebenso wie Kenntnisse einer weiteren Sprache neben Deutsch, vorzugsweise Englisch.

Bitte richten Sie Ihre Bewerbungsunterlagen (Anschreiben, Lebenslauf, Zeugnisse) an:

Technik- & Elektromarkt Stecker Konstanz
Personalabteilung
Harald Oertl
Schneckenburgstr. 35
78467 Konstanz

Wir sind ein Wohnungsunternehmen mit rund 2000 eigenen Mietwohnungen in Dresden und suchen zum nächstmöglichen Termin, zum Einsatz in unserer Technischen Hausverwaltung einen

Hausverwalter

mit Qualifikation als Meister oder Techniker des Fachbereichs Heizung/Sanitär und einen

Service-Handwerker

mit Qualifikation als Geselle in einem bauhandwerklichen Beruf für einen vielseitigen Einsatz in unseren Immobilien.

Wir bieten sichere Arbeitsplätze und eine leistungsgerecht bezahlte Tätigkeit. Wir setzen hierfür eine selbstständige und verantwortungsbewusste Arbeitsweise voraus.

Bewerbungen richten Sie bitte mit Lichtbild an Herrn Martens von der Technischen Abteilung (Tel. 0351/11178-032).

DreWoBa GmbH
Semperring 90
01127 Dresden

Anzeige	Welche Ausbildung brauche ich für die Stelle?	Welche Qualifikationen/Eigenschaften brauche ich noch für die Stelle?	Wie sind die Arbeitsbedingungen (Arbeitszeit, Arbeitsplatz, ...) ?	Wer ist der Ansprechpartner?
1	Kranken-schwester		Vollzeit Arbeitszeiten?	

TIPP Bei fehlenden Informationen sollten Sie bei dem Unternehmen anrufen und zunächst die fehlenden Punkte erfragen. Arbeiten Sie mit einem Stichwortzettel: Begrüßung, Fragen, Dank, Verabschiedung.

5 Schreiben Sie ein Bewerbungsschreiben. Benutzen Sie das Text-Muster. Die markierten Stellen müssen Sie durch eigene Informationen ersetzen. Sie können auf eine der Anzeigen aus Aufgabe 4 reagieren oder Stellenanzeigen aus der Zeitung / aus dem Internet benutzen.

[Vorname] [Familienname]
[Straße] [Hausnummer]
[Postleitzahl] [Ort]
[Telefonnummer]

[Firma mit Rechtsform (= AG, KG, GmbH usw.)]
[Ansprechpartner/-in]
[Straße + Hausnummer/Postfach]
[Postleitzahl] [Ort]

[Ort], [Tag]–[Monat]–[Jahr]

Bewerbung [Art der Stelle], Ihre Stellenanzeige vom [Datum]
[im/in/bei/auf] [Name der Zeitung/Web-Seite], Referenznummer [Referenznummer]

Sehr [geehrte Frau / geehrter Herr / geehrte Damen und Herren] [Titel/Funktion] [Familienname],

mit großem Interesse habe ich Ihr Stellenangebot gelesen. Ich bewerbe mich bei Ihnen um die Stelle [eines/einer] [Stellenbezeichnung], weil [Begründung]

Ich arbeite zurzeit bei [Firma] in [Ort] als [momentane Tätigkeit].
[Beschreibung der momentanen Tätigkeit, Schwerpunkte]

Ich bringe die erforderlichen Voraussetzungen für eine erfolgreiche Arbeit als [Stellenbezeichnung] mit: [Gründe für die Eignung]

[Motivation]

[besondere Stärken]

Meine Gehaltsvorstellungen liegen bei [Höhe des Gehalts],– € [brutto im Jahr / pro Stunde].

Über eine Einladung zu einem Vorstellungsgespräch würde ich mich sehr freuen.

Mit freundlichen Grüßen

[Vorname und Name, handschriftlich]

[Anzahl Anlagen] Anlagen: [Bezeichnung der Anlagen]

6 Überprüfen Sie Ihr Bewerbungsschreiben mithilfe der Check-Liste. Korrigieren Sie dann Ihren Text mit den Fragen:

– Sind alle Personalpronomen für den Adressaten (Sie, Ihnen, Ihrem, ...) groß geschrieben?
– Stimmen alle Subjekte und Verben in Person und Endung überein?
– Sind alle Zeitformen (Präsens, Perfekt, Präteritum, Futur) korrekt?
– Haben alle Verben die richtige Position? (im Hauptsatz, im Nebensatz)

TIPP

■ Lesen Sie sich Ihren Text laut vor. Gibt es Stellen, die sich kompliziert anhören? Dann sollten Sie einfachere Formulierungen versuchen.
Benutzen Sie die Korrekturfunktion Ihres Textverarbeitungsprogramms.

■ Schreiben Sie ein Deckblatt und geben Sie dort Ihre Kontaktdaten (Tel./Fax/E-Mail) an. Damit sparen Sie Zeilen für das Anschreiben. Auf das Deckblatt können Sie auch Ihr Porträt-Foto aufkleben. Das Deckblatt sollte nur den Titel „Bewerbung als ...", Ihren Namen und Ihre vollständige Adresse tragen.

■ Verwenden Sie für Ihre Bewerbung Umschläge mit einem Papprücken, damit Ihre Bewerbungsunterlagen nicht knicken.

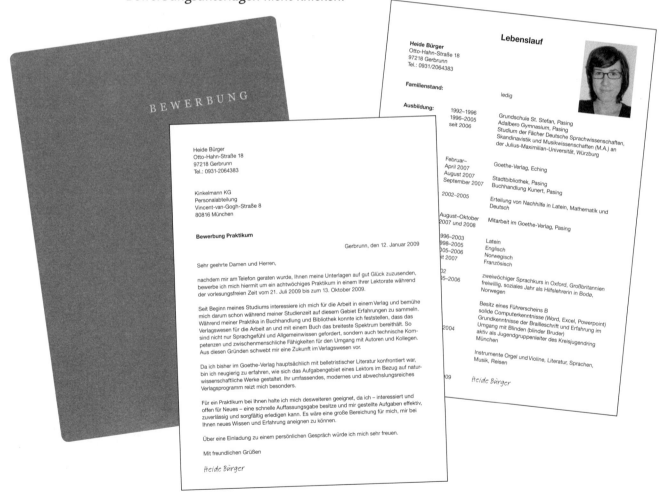

7 Wählen Sie aus der Tageszeitung oder aus dem Internet eine Stellenausschreibung aus, die Ihnen gefällt, und schreiben Sie für diese Stelle ein Bewerbungsschreiben.

C Tabellarischer Lebenslauf

1 Lesen Sie den Text, markieren Sie wichtige Punkte und machen Sie eine Check-Liste.

Der tabellarische Lebenslauf ist eine Anlage zu einem Bewerbungsschreiben. Er soll dem Personalchef einen schnellen Überblick über Ihre Schulbildung, Ihre berufliche Ausbildung und die beruflichen Tätigkeiten sowie über Ihre sonstigen Qualifikationen geben. Und Sie möchten den Personalchef natürlich von Ihrer Person überzeugen. Deshalb sollten Sie einige Dinge beachten, wenn Sie Ihren Lebenslauf schreiben:

Ihren Lebenslauf schreiben Sie am besten mit dem Computer. Er sollte nicht länger sein als zwei DIN-A4-Seiten, gut lesbar und grafisch ansprechend. Der traditionelle (deutsche) Lebenslauf ist in seiner Abfolge chronologisch. Er beginnt mit der Grundschule und endet mit der momentanen Tätigkeit. Immer mehr Bewerber schreiben ihre Lebensläufe heute aber auch nach dem amerikanischen Muster, also umgekehrt chronologisch, und beginnen mit der momentanen Tätigkeit. Sie müssen sich für eine Variante entscheiden.

Es ist in Deutschland üblich, der Bewerbung ein Foto hinzuzufügen. Auf dem Foto sollten Sie sympathisch lächeln! Ein professionelles Bewerbungsfoto hinterlässt einen besseren Eindruck als ein modernes Passfoto, auf dem man nicht lächeln darf. Kleben Sie Ihr Foto sauber in die rechte obere Ecke Ihres Lebenslaufs. (Sie können das Foto aber auch auf das Deckblatt Ihrer Bewerbung kleben.)

Wählen Sie eine gut lesbare Schriftgröße (etwa 11 oder 12 Punkt) und einfachen Zeilenabstand. Schreiben Sie nicht mehr als 30 Zeilen auf einer Seite. Benutzen Sie nur einen gut lesbaren Schrifttyp (z. B. Arial) und achten Sie darauf, dass es derselbe Schrifttyp wie im Bewerbungsschreiben ist.

Der Aufbau des Lebenslaufs ist zweispaltig. In der linken Spalte stehen die Zeitangaben (Monat und Jahr, z. B.: 10/2002 – 02/2005), in der rechten Spalte steht, was Sie in dieser Zeit gemacht haben. In die rechte Spalte schreiben Sie keine Sätze, sondern nur Stichworte. Die Verbindung der einzelnen Informationen markieren Sie durch Präpositionen wie „bei" oder „in" (z. B. Elektrikerausbildung bei Firma Erwin Lange in Wiesbaden).

Absolut notwendig sind am Anfang des Lebenslaufs Ihre Angaben zur Person: Vorname, Name, Anschrift, Telefonnummer (eventuell Ihre E-Mail-Adresse) und Ihr Geburtsdatum.

Die einzelnen Abschnitte sollten Sie mit Überschriften versehen, das erleichtert den Überblick. Die Überschriften formatieren Sie größer und fett. Die Abschnitte sind: Schulbildung, Berufsausbildung, Studium, Berufserfahrung, Fortbildung und Sonstiges. Achten Sie darauf, dass Ihre Darstellung der Ausbildung und der Tätigkeiten lückenlos ist.

Wenn Sie viele zusätzliche Qualifikationen haben, sollten Sie diese getrennt angeben (z. B.: EDV, Sprachen, Führerschein, Hobbys/Interessen, Mitgliedschaften/Ehrenamt, Auszeichnungen). Wenn Ihre Hobbys und/oder ehrenamtlichen Tätigkeiten für Ihre Stelle / Ihren Ausbildungsplatz wichtig sein können, geben Sie sie unbedingt an. Eine Mitgliedschaft in der Freiwilligen Feuerwehr oder in anderen gemeinnützigen Organisationen weist beispielsweise darauf hin, dass Sie sich für die Gemeinschaft engagieren. Hobbys wie Snowboardfahren oder Radfahren zeigen, dass Sie körperlich fit und ausdauernd sind.

Ort, Datum und die eigenhändige Unterschrift gehören unter den Lebenslauf. Achten Sie darauf, dass das Datum identisch ist mit dem Datum des Bewerbungsschreibens.

Check-Liste
– 2 Seiten
– deutsches / amerikanisches
  Muster?

– ...

TIPP Normalerweise gehören Angaben zum familiären Hintergrund (Name und Beruf der Eltern) nicht in einen tabellarischen Lebenslauf. Wenn Ihr Vater oder Ihre Mutter aber in der Branche arbeiten, in der Sie sich bewerben, kann diese Angabe von Vorteil sein.

2 Lesen Sie die Ausschnitte aus dem Lebenslauf von Holger Sowitzki und tragen Sie die fehlenden Rubriken in die Spalte links ein.

Berufsausbildung • Sprachen • Familienstand • Geburtsdatum • Name • Schulbildung • Vorname • EDV-Kenntnisse • Berufstätigkeit • Anschrift • Geburtsort • Hobbys

Lebenslauf

(1) _Vorname_ , (2) _Name_	Holger Sowitzki
(3) _____ , (4) _Geburtsort_	30. Juni 1978; Düsseldorf
(5) _____	Müllerstraße 13, 47198 Duisburg
(6) _____	verheiratet
(7) _____ 1984–1988 1988–1995	Hannen-Grundschule Düsseldorf Realschule Süd Duisburg
(8) _____ 1995–1998	Ausbildung zum Einzelhandelskaufmann bei Reifen-Roth in Duisburg
(9) _____ 01/1999–07/2009	kaufmännischer Angestellter bei der Auto-Teile-Unger-Handels GmbH & Co. KG in Duisburg
(10) _____	Englisch in Wort und Schrift
(11) _____	Erfahrung mit Arbeit im Internet und Intranet Textverarbeitung mit Word Tabellenkalkulation mit Excel
(12) _____	Radfahren

3 Ergänzen Sie jetzt Ihre persönlichen Angaben zu den einzelnen Lebenslauf-Abschnitten.

Vorname, Familienname _____

Anschrift _____

_____

Telefon _____

E-Mail-Adresse _____

Geburtsdatum _____

Geburtsort _____

Staatsangehörigkeit _____

Familienstand _____

Schulbildung _____

_____

Berufsausbildung _____

_____

Studium _____

Berufserfahrung _____

_____

Fortbildungen _____

EDV-Kenntnisse _____

Sprachen _____

Führerschein _____

Interessen/Hobbys _____

Mitgliedschaften/Ehrenamt _____

Auszeichnungen _____

_____   _____

Ort, Datum   Unterschrift

TIPP   ■ Kontrollieren Sie Ihren Lebenslauf mit der Check-Liste.

■ Wenn Sie zu einer der Rubriken nichts schreiben können (weil Sie z. B. nicht studiert haben oder weil Sie erst mit der Schule fertig sind), lassen Sie die Rubrik einfach weg.

■ Wenn Sie nach einer schriftlichen Bewerbung zu einem Vorstellungsgespräch eingeladen werden, sollten Sie sich vor dem Gespräch gut über die Firma informieren (z. B. im Internet oder indem Sie mit jemandem sprechen, der bereits in der Firma arbeitet). Überlegen Sie sich auch, wie Ihre Tätigkeit dort aussehen könnte. Machen Sie sich eine Liste mit Fragen, die Sie zur Firma, zur Arbeit oder zu den Vertragsbedingungen haben, und stellen Sie die Fragen im Vorstellungsgespräch.

4 **Suchen Sie in einem Lexikon oder im Internet den Lebenslauf einer bekannten Person, die Sie interessiert oder die den gleichen / einen ähnlichen Beruf wie Sie hat. Schreiben Sie den Lebenslauf der Person mit den Formatvorgaben für den tabellarischen Lebenslauf.**

D Kündigung

Mit der Kündigung teilt man dem Arbeitgeber mit, dass man das Arbeitsverhältnis mit ihm auflösen möchte. Kündigungen gibt es für verschiedene Verträge. Verträge können in der gesetzlichen Frist oder der vereinbarten Frist ohne Angabe von Gründen gekündigt werden. Das gilt für Zeitschriften-Abonnements, für Verträge mit Telefonanbietern und auch für Arbeitsverträge. Die Kündigung muss innerhalb eines bestimmten Zeitraums vor dem gewünschten Arbeitsende erfolgen. Die Kündigungsfrist ist im Arbeitsvertrag festgelegt. Häufig ist eine Frist von 6 Wochen zum Quartalsende (31.3., 30.6., 30.9., 31.12). Nach Möglichkeit sollte die Kündigung immer schriftlich erfolgen (per Einschreiben mit Rückschein), damit man ein Beweismittel für die Fristeinhaltung hat.

Wichtige Elemente eines Kündigungsschreibens: Bezug zum Arbeitsvertrag, Frist, Termin, Bezug zur eventuell schon erfolgten mündlichen Kündigung.

1 **Lesen Sie die Kündigung und markieren Sie alle Datumsangaben. Ordnen Sie die Angaben den Begriffen zu und beantworten Sie die Fragen.**

---

27. Januar 2009

Kündigung meines Arbeitsvertrages vom 22. Februar 2006

Sehr geehrte Damen und Herren,

wie ich dem Leiter der Personalabteilung, Herrn Dollermann, bereits am 25. Januar 2009 mündlich mitgeteilt habe, kündige ich meinen Arbeitsvertrag fristgemäß zum 28. April 2009.

Mit freundlichen Grüßen

Lothar Geißmann

---

1) Datum des Arbeitsvertrages: _____

2) Datum der mündlichen Kündigung: _____

3) Datum der schriftlichen Kündigung: _____

4) Datum der Auflösung: _____

2 **Ihr Arbeitsvertrag ist am 24. September 2006 ausgestellt, Sie haben schon mündlich die Kündigung ausgesprochen und Sie wollen fristgerecht kündigen. Schreiben Sie Ihre Kündigung.**

Lösungen

Kapitel 1

A Geschäftsbrief

2: G Grußformel – F Text/Textabschnitte – E Anrede – B Empfängeradresse – A Absender – D Betreff – C Datum – H Unterschrift

3: (Beispiele)
a)
Hotel Prinzregent
Riemer Straße 350
81829 München

Herrn
Anton Richter
Leopoldstraße 247
80807 München   München, 5.01.2009

Erinnerung

Sehr geehrter Herr Richter,

unsere Rechnung vom 18.12.2008 ist noch nicht bezahlt. Bitte überweisen Sie den Gesamtbetrag von 238,24 € bis zum 20.01.2009 auf unser Konto bei der Deutschen Bank München (Kto.-Nr. 364933342, BLZ: 70070024).

Mit freundlichen Grüßen
Hanna Wiechert
Hotel Prinzregent

b)
Marmor & Stein GmbH, Karl Goder, Vertrieb, Nibelungenstraße 13, 80639 München,
Tel.: 089/1504 69-32, Fax 089/15 04 69-33

Hotel Prinzregent
Riemer Straße 350
81829 München   München, 14.11.2009

Zimmerreservierung

Sehr geehrte Damen und Herren,

wir benötigen vom 10. bis zum 13. Dezember 2009 drei Einzelzimmer für unsere Firmengäste

    Barbara Delle,
    Carmen Ostermann und
    Dr. Helmut Vietling

Bitte bestätigen Sie uns die Reservierung. Die Rechnungen können Sie direkt an mich senden.

Mit freundlichen Grüßen
Karl Goder
Marmor & Stein GmbH

Kapitel 2

A Einladung

1: Sehr geehrter Herr Kunert,

ich beziehe mich auf Ihre Bewerbung und würde Sie gerne am 14.05.2009, um 14:30 Uhr zu einem persönlichen Gespräch nach Lennestadt einladen. Eine Wegbeschreibung finden Sie in der Anlage.
Bitte schicken Sie mir eine kurze Bestätigung des Termins.

Mit freundlichen Grüßen
Hartmut Geiger
Personalabteilung

2: am 28.10.2009, um 14 Uhr, in die Siemensstraße 36, zu einem Vorgespräch bei der Projektleitung … oder mit einer E-Mail. … Mit freundlichen Grüßen

3: Betreff: <u>Teambesprechung / 14.12.2009</u>

<u>Sehr geehrte Frau</u> Bohm,

<u>am 14.12.2009 um 13:20 Uhr</u> findet unsere nächste Teambesprechung statt. Wir treffen uns im <u>Raum 305</u> im <u>Verwaltungs-</u>
<u>gebäude</u>.
Bitte bereiten <u>Sie</u> einen kurzen Bericht über das letzte Halbjahr vor. Laptop und Beamer sind im Raum
vorhanden.

<u>Mit freundlichen Grüßen</u>
Helmut Jäger

B Terminvorschlag

1: Funktion des Treffens benennen: a, c, e, j; Termin vorschlagen: d, f, g, i; Ort des Treffens vereinbaren: b, h, k, l

E-Mail: Sie haben mir angeboten, ausführlich <u>über</u> diese Vertragsänderungen <u>mit</u> <u>mir</u> <u>zu</u> <u>sprechen</u>. Passt <u>Ihnen</u> Donnerstag, 17:00 Uhr? Ich <u>könnte</u> <u>bei</u> <u>Ihnen</u> vorbeikommen.

2: (Beispiel)

Betreff: Überstunden

Sehr geehrter Herr Sonnenschein,

ich möchte gern mit Ihnen über meine Überstunden sprechen. Ist Ihnen
Donnerstag, 11.12.2009, 9.30 Uhr
recht? Ich könnte bei Ihnen vorbeikommen.

Mit freundlichen Grüßen
Andrea Raab

C Zusage/Absage

1: Zusage: 1, 2, 4, 5, 6, 10, 11; Absage: 3, 7, 8, 9

2: Man klickt das Symbol „Antworten" an. Als Anrede passt „Lieber Herr Hanselmann" (auch der Abteilungsleiter hat seine
Mitarbeiter mit „Liebe Mitarbeiterinnen ..." angeredet). Die richtige Grußformel ist „Mit freundlichen Grüßen".

3: Ich kann am 26.5. leider nicht kommen, weil ich eine Dienstreise mache / auf Dienstreise bin.
Ich kann am 26.5. leider nicht kommen, denn ich mache eine Dienstreise / denn ich bin auf Dienstreise.
Ich bin am 26.5. auf Dienstreise. / Ich mache am 26.5. eine Dienstreise. Deshalb kann ich leider nicht kommen.

Ich kann am 26.5. leider nicht kommen, weil ich zu dieser Zeit Urlaub habe / Urlaub mache.
Ich kann am 26.5. leider nicht kommen, denn ich habe zu dieser Zeit Urlaub / denn ich mache zu dieser Zeit Urlaub.
Ich habe Ende Mai Urlaub. / Ich mache Ende Mai Urlaub. Deshalb kann ich am 26.5. leider nicht kommen.

Ich kann am 26.5. leider nicht kommen, weil ich an diesem Tag einen Arzttermin habe / zum Arzt gehen muss.
Ich kann am 26.5. leider nicht kommen, denn ich habe an diesem Tag einen Arzttermin / denn ich muss an diesem Tag
zum Arzt gehen.
Ich habe am 26.5. einen Arzttermin. / Ich muss am 26.5. zum Arzt gehen. Deshalb kann ich leider nicht kommen.

Kapitel 3

A Notiz

1: 1) Di. Frau Brune anrufen / Geburtstag – 2) Steuererklärung – 3) Dr. Lausmann, Do., 10:45 – 4) 17:00 Ramona: Ulmenallee
29b / Familie Neumann – 5) 15:00 Hr. Kaltmeier: Angebot (Reparatur) schicken – 6) 18:00 Ramona: Sport – 7) 12:00 Ferdi-
nand, Kantine – 8) 9:00 Hr. Storckebaum anrufen – 9) Frau Dollermann für Freitag absagen – 10) Urlaubsantrag bis Fr.!!! –
11) 8:00 Teambesprechung – 12) 14:00 Fr. Heckendorf: Angebot Fa. Paulsen besprechen

2: A) Akten zurück – B) Fr. Köppke anr.: Info-Mat. – C) 9:00 Knoke: Fortbildung – D) 12:30 Barbara „Ninos" – E) Brot, Butter, Käse!

B Mitteilung

1: 1 F, 2 E, 3 C, 4 G, 5 A, 6 B, 7 D

2: a) Anrede, b) Personalpronomen, c) Infinitiv oder Imperativ, d) Modalverb

3: (Beispiel)

1. Kannst du mir bitte 5 x 500 Bl. (Blatt) Druckerpapier mitbestellen? Danke, (Name)
2. (Ich) Muss (dringend) zum Arzt. Kannst du meine Rechnungen zur Poststelle bringen? Danke, (Name)
3. Hast du Lust, am Do. (Donnerstag) mit mir im „Türmchen" Mittag zu essen? (Name)
4. Kannst du mir morgen 5,– für Stefanies Geschenk mitbringen? (Name)
5. Herr Forster hat angerufen. (Er) Ruft später noch mal an. (Name)
6. Fa. (Firma) Zieske hat angerufen. (Sie) Braucht heute noch ein Angebot von dir. (Name)

C Kurzbrief

2: 2. Anbei erhalten Sie eine Anfrage – mit der Bitte um – Prüfung/Rücksprache/Stellungnahme
3. Anbei erhalten Sie eine Rechnung – mit der Bitte – um Erledigung
4. Anbei erhalten Sie ein Angebot – mit der Bitte – um Genehmigung
5. Anbei erhalten Sie Ihre Rechnung – mit der Bitte um - Korrektur
6. Anbei erhalten Sie eine Akte – gemäß Ihrer Anfrage – mit der Bitte um – Rückgabe – bis in zwei Wochen

3: 4. (Beispiel) Das Programm ist gut. Der Preis ist angemessen.
5. (Beispiel) Bitte schreiben Sie uns eine neue Rechnung. Die Rechnungsnummer fehlt.

D Gesprächsnotiz

1:

Gesprächsnotiz	Datum: _26.03.2009_ Uhrzeit: _10:15 Uhr_	Betrifft: _Auftrag vom 28.01.2009_

☐ Besuch ☒ Anruf

von / bei Herrn / Frau _Jutta Kiesenberg_

Firma _SolarSolutions GmbH_   ☎ _3647–22_

Straße / Ort _Ruhrallee 587, 45138 Essen_

Fr. Kiesenberg beschwert sich, ...

Anlagen: _____   Name: _Anke Stellmacher_

a) Frau Stellmacher sollte Herrn Stockmeier über das Gespräch informieren und ihm die Gesprächsnotiz zur Bearbeitung geben.

b) Herr Stockmeier sollte bei Frau Kiesenberg anrufen, sich entschuldigen und dafür sorgen, dass der Auftrag bis Ende der 14. KW ausgeführt wird.

2: (Beispiel)

Erledigt durch		Datum
☒ Anruf	_Entschuldigung für Verzögerung, Ausführung des_	_27.03.2009_
☐ E-Mail	_Auftrags zugesagt bis 14. KW, Rabatt (5%) auf_	
☐ Besuch	_Rechn.-betr._	Erledigt von
☐ _____		_Stockmeier_
☐ Ablage unter		

3: Gesine Landgraf, Herr Maler, Firma Strecker und Partner, Auftrag Messestand, Termin früher: 12:00 Uhr mittags, 13:00 Uhr, Maschine in den Stand hängen, 25 kg, geht?, mit Werkstatt besprechen, Teeküche: kleines Regal, drei Bretter, 20 cm tief, 50 cm breit. Handynummer: 0171–344889764

4: (Beispiel)
Herr Maler/Firma Strecker wünscht Aufbau des Messestands am Donnerstag bis 12.00 Uhr (statt wie vereinbart 15.00 Uhr). Ich habe mich mit ihm auf 13.00 Uhr geeinigt. Herr Maler fragt, ob es möglich ist, eine Maschine (25 kg) im Stand aufzuhängen. Ich habe Rücksprache und Prüfung in der Werkstatt zugesagt. Herr Maler bestellt zusätzlich ein Regal für die Teeküche (50 cm breit, 20 cm tief, 3 Bretter). Erledigung habe ich zugesagt.

5: (Beispiel)

Nach Rücksprache mit der Werkstatt habe ich Herrn Maler informiert, dass die Konstruktion des Standes nur 10 kg trägt und dass eine Änderung möglich ist, jedoch 220 Euro extra kostet. Herr Maler ist mit dem Preis einverstanden.

E Arbeitsprotokoll

1:

Möbelspedition Paulus – Friedensstr. 19 – 48145 Münster – Tel.: 0251/89764432

Arbeitsprotokoll

Datum: *10.03.2009*

Kunde: *Torsten Schorlemmer, Personalentwicklung*

Adresse: *Neuer Heitkamp 23, 48143 Münster*

Mitarbeiter:

Fahrer	Zeit	Std.	Monteur	Zeit	Std.	Packer	Zeit	Std.	Träger	Zeit	Std.
1	8:15 – 8:45	0,5	2	9:00–12:00	6	2	9:00–11:30	5	2	9:00–14:30	11
1	15:30 – 17:30	2							2	11:30–14:30	6
									2	12:00–14:30	5
Gesamt		2,5			6			5			22

Fahrzeuge: _1 LKW 12,5 t_

☐ Außenaufzug, von: _____ bis _____ Uhr

Material:

☐ Umzugskartons _____52_____ St.

☐ Packdecken _____26_____ St.

☐ Luftpolsterfolie _____15_____ m

☐ Klebeband _____30_____ m

☐ Befestigungsmaterial (Schrauben, Nägel, ...)

☐ Elektromaterial (Kabel, Klemmen, ...)

☐ Sonstiges

Bemerkungen: *Küchenschrank beim Tragen beschädigt (Kratzer auf Rückseite)*

Datum: _____ Unterschrift Kunde: _____

1: (1) war – (2) hat – (3) gezeigt – (4) besteht – (5) werden – (6) kontrolliert – (7) sind – (8) packen – (9) gesteuert – (10) bearbeitet – (11) stellt – (12) habe – (13) musste – (14) sichern

G Unfallbericht

1: a) (1) Als – (2) aber – (3) Trotzdem – (4) seitdem
  b) (1) gerade – (2) als – (3) Die Folge davon – (4) Durch
  c) (1) dabei – (2) Zuerst – (3) Aber – (4) weil
  d) (1) denn – (2) dabei – (3) zu diesem Zeitpunkt – (4) Deshalb

Kapitel 4

A Glückwunschkarten und Genesungswünsche

1: 1. Herzlichen Glückwunsch zum Geburtstag! – 2. Herzlichen Glückwunsch zur Tochter/zum Sohn/zur Geburt von Ramona! – 3. Alles Gute zur Hochzeit! – 4. Gute Besserung!

2: 1: A, F – 2: C, G – 3: B, E – 4: D, H

B Dank

1: 1. meinem ersten Geschäftsbrief – 2. die neuen Programme – 3. Ihren Dienst – 4. den netten Abend

2: 1. Vielen Dank, dass – 2. Vielen Dank für – 3. Ich möchte mich herzlich für ... bedanken – 4. Herzlichen Dank!

D Urlaubspostkarte

1: Anreden offiziell: Sehr geehrte Frau ..., Sehr geehrte Damen und Herren
  Anreden persönlich: Liebe Kolleginnen und Kollegen, Liebes Team 6, Liebe Frau Schmidt, Hallo, Stefanie,
  Grußformeln offiziell: Freundliche Grüße
  Grußformeln persönlich: Herzliche Grüße, Liebe Grüße

2: Lieber Dieter, hier auf Zypern ist es sehr schön. Ich habe gestern eine Sightseeing-Tour in der Hauptstadt Nicosia gemacht. Und vorgestern bin ich den ganzen Tag am Strand gewesen. Das Wetter ist hier sehr gut: 35 Grad im Schatten! ... Morgen will ich in ein Museum gehen. ... Manfred

E Beileid

2: Herr Wissmann hat zu Markus eine persönlichere Beziehung: Anrede mit Vornamen, Angebot zur Hilfe, Unterschrift: nur Vorname

3: Einleitung: 1, 6; Beileid: 3, 9, 10, 11; Wünsche: 5, 7, 12; Gruß: 2, 4, 8

Kapitel 5.1

A Bestellung

1:

Bestellnummer	Artikelbezeichnung	Menge	Preis pro Mengeneinheit/	Gesamtpreis/€
187 057	Kopierpapier, 80 g, 5 x 500	10	26,86	268,60
701 212	Farbpatrone schwarz	3	12,30	36,90
975 060	Kugelschreiber blau	15	0,80	12,00
502 280	Notizzettelblock, 700 Blatt	3	2,62	7,86

2:

Firma:	Klaus Hammerschmidt GmbH
Ansprechpartner:	Andrea Fischer
Kostenstelle:	–
Straße:	Bahnhofsplatz 12
PLZ/Ort:	48157 Münster
Name des Bestellers:	Andrea Fischer
Telefonnummer:	0251 / 66 301–709

B Lieferschein

1: Es fehlen 5 Packungen Tesa Büroklebefilm und ein Ordner schwarz 80 mm.

C Rechnung

2:

Rechnung 091219/25

Wir lieferten Ihnen

Menge	Artikel-Nr.	Bezeichnung	Preis	Rabatt %	Gesamt
2	B - 8827 S	Schreibtischlampen	89,98	10%	161,97 €
1	*W - 6931*	*Garderobenständer*	*107,99*	*–*	*107,99 €*

Versandkosten	25,– €
Rechnungsbetrag	**294,96 €**
Mehrwertsteuer (19 %)	47,10 €
Nettobetrag	247,86 €

Bei Zahlung innerhalb von 7 Tagen können wir Ihnen 2 % Skonto gewähren. Bitte überweisen Sie den Rechnungsbetrag auf unser Konto Nr. 7846429 bei der Dresdner Bank (BLZ 590 800 90). Geben Sie bei der Überweisung bitte die Rechnungsnummer als Verwendungszweck an.

3: Es fehlen: Rechnungsdatum, Steuer-Nr. des Rechnungsstellers, Versanddatum

4:

Rechnung 091034-03

Wir lieferten Ihnen am 10.08.2009

Menge	Artikel-Nr.	Bezeichnung	Preis	*Gesamt*
10 Pk.	0659745	Papierhandtücher, 10 x 500 Bl., grau	10,67 €	106,70 €
4 Ka.	0698284	Zitro-Handseife, flüssig, 10 l	25,37 €	101,48 €
5 St.	0833310	Putzhandschuhe, Latex, gelb, Gr. 10	0,77 €	3,85 €

Versandkosten	–.– €
Gesamtsumme	212,03 €
Rabatt 7 %	14,84 €
Rechnungsbetrag	**197,19 €**
Mehrwertsteuer (19 %)	31,48 €
Nettobetrag	165,71 €

Bitte überweisen Sie den Rechnungsbetrag innerhalb von vier Wochen auf unser Konto bei der Volksbank Vorbach-Tauber (Konto-Nr.: 8976500001, BLZ: 62391420). Bitte geben Sie bei der Überweisung die Rechnungsnummer als Verwendungszweck an.

D Überweisung

2: Bank des Empfängers: Postbank Leipzig; Betrag: 432,52 €; Verwendungszweck: Rechnung 090121/27 Küchenelemente; Name und Sitz des beauftragten Kreditinstituts: Stadtsparkasse München im Auftrag der Nieländer GmbH

3:

Empfänger*	
Kontonummer*	7846429
Bankleitzahl*	590 800 90
Institut	wird automatisch für Sie eingefügt
Betrag*	294,96 EUR
Ausführungsdatum*	⊙ sofort
	○ später (bis zu 90 Tage im voraus)
	[TT] [MM] [JJJJ]
Verwendungszweck	091219/25

Kapitel 5.2

A Anfrage

1: Die Firma braucht Informationen über die Größe der Räume (= Größe des Teppichs), über die Art/Qualität des Teppichs und über den Termin.

2:   i) Paderborn, 27.04.2009

j) **Anfrage/Teppichboden**

d) Sehr geehrter Herr Kronewald,

a) wir benötigen in zwei Büroräumen und in der Eingangshalle einen neuen Fußbodenbelag. l) In diesen Räumen haben wir viel Kundenverkehr, deshalb möchten wir gern einen Teppichboden, der strapazierfähig und pflegeleicht ist. n) Die Farbe sollte blau für die Büros sein und grau für die Eingangshalle. o) Die zwei Büros sind jeweils ca. 30 qm groß, die Eingangshalle etwa 42 qm. c) Einen Grundriss der Räume finden Sie in der Anlage. m) Können Sie in der letzten Woche im Mai liefern und verlegen? h) In dieser Woche sind die meisten unserer Mitarbeiter nämlich auf einer Fortbildung. e) So würde der normale Betrieb durch das Verlegen der Teppiche nicht gestört.

g) Bitte schicken Sie uns (wenn es möglich ist bis zum 14.05.) ein unverbindliches Angebot über Material und Verlegung. k) Wenn Sie Fragen haben, können Sie mich gern unter 05251/40891-0 anrufen.

f) Mit freundlichen Grüßen

b) Amelie Malus
Sekretariat, Marketing4U

F Angebot/Kostenvoranschlag

1: a) Termin – b) Skonto – c) Frist – d) Zahlungsfrist/-bedingungen – e) Mehrwertsteuer – f) Leistung – g) Material

2: 1) geehrte – 2) Ihnen – 3) können – 4) Termin – 5) haben – 6) Auftrag – 7) sehr

3: Als (...-)Termin können wir Ihnen den ... (Datum) anbieten. – Wir haben ... (Akk.) für Sie vorgemerkt. – Wenn Sie Fragen oder Wünsche haben, rufen Sie einfach an.– Sie können uns telefonisch unter ... (Tel.-Nr.) erreichen. – Über ... (Akk.) von Ihnen würden wir uns sehr freuen.

4: **(Beispiel)**

Münster, 5.05.2009

Angebot 07/05

<u>Sehr geehrter Herr Biermann,</u>

<u>wir danken Ihnen herzlich für Ihr Interesse und unterbreiten Ihnen hiermit</u> unser Angebot:

...

Den 24.07.2009 haben wir für Sie <u>vorgemerkt</u>. Wenn Sie das <u>Angebot</u> nutzen möchten, können Sie gern auch telefonisch reservieren. Die Vormerkung löschen wir automatisch nach vier Wochen.
Wenn <u>Sie Fragen oder Wünsche haben, rufen Sie einfach an. Sie können uns telefonisch unter 0251–886534 erreichen.</u>

Über eine Reservierung von Ihnen <u>würden wir uns sehr freuen</u>.

Mit freundlichen Grüßen

Kapitel 5.3

I Absage des Auftraggebers

1: **Reparatur Firmenwagen / Absage**

Sehr geehrte Frau Oberstein,

vielen Dank für Ihren Kostenvoranschlag.
Die Kosten für die Reparatur unseres Firmenwagens sind zu hoch. Unsere Geschäftsleitung möchte deshalb einen neuen Firmenwagen kaufen.

Mit freundlichen Grüßen

J Absage des Anbieters

1: 1h, 2d, 3f, 4a, 5i, 6j, 7c, 8g, 9b

2: **(Beispiele)**
a) ... denn zum gewünschten Termin sind Betriebsferien; b) Wir können Ihren Auftrag leider nicht ausführen, weil das Produkt nicht mehr lieferbar ist. c) Wir können Ihren Auftrag zum gewünschten Termin leider nicht ausführen, da mehrere Mitarbeiter krank sind. d) Ihre letzte Rechnung ist leider noch nicht bezahlt. Deshalb ... e) Das von Ihnen gewünschte Produkt ist nicht mehr lieferbar. Daher können wir Ihren Auftrag leider nicht annehmen.

K Bitte um Stornierung

1: a) 50 % der Übernachtungskosten = 1690,– EUR   b) Nein

2: **Bitte <u>um</u> Stornierung**

<u>Sehr</u> geehrte <u>Frau</u> Koslowski,

wir <u>möchten</u> Sie um Stornierung unserer Reservierung <u>vom</u> 15.05.2009 bitten.
Unser Betriebsausflug <u>muss</u> leider wegen dringender Auftragsarbeiten später stattfinden.

Mit <u>freundlichen</u> Grüßen
Martin Biermann

3: **Bitte um Stornierung**

Sehr geehrte Frau Dollinger,

bitte stornieren Sie unsere Bestellung vom 24.04.2009. Wir haben die Kalender für unsere Firmenkunden versehentlich zweimal bestellt. Die Bestellung vom 23.04. ist gültig.

Mit freundlichen Grüßen
Max Hermann Poppel

L Reklamation

2: am 17. März 2009 haben Ihre Mitarbeiter neue Deckenlampen <u>geliefert</u> und <u>installiert</u>. Dabei haben sie zwei Lampen <u>beschädigt</u>. An den Lampenschirmen <u>befinden</u> sich jetzt etwa 10 cm lange Kratzer. Ich möchte Sie daher <u>bitten</u>, die zwei beschädigten Lampen umgehend <u>auszutauschen</u>.

M Entschuldigung

1: Für einen Geschäftsbrief passen: a, b, c, e, h

b) Ich verstehe, dass Sie wegen <u>der Beschädigung des Kopierers / der falschen Lieferung</u> enttäuscht sind. – e) Ich kann mir gut vorstellen, dass Sie enttäuscht sind, weil <u>unsere Mitarbeiter den Kopierer beschädigt haben.</u> / weil <u>Sie eine falsche Lieferung erhalten haben.</u> – h) Wir bedauern sehr, dass <u>Sie eine falsche Lieferung erhalten haben. / unsere Mitarbeiter den Kopierer beschädigt haben.</u>

2: a) Die <u>Lieferung</u> werden wir so schnell wie möglich <u>austauschen</u>. – b) Wir werden Ihnen den Kopierer selbstverständlich <u>kostenlos reparieren</u>. – c) Wir können Ihnen ein <u>Ersatzgerät zur Verfügung stellen</u>, bis Sie das neue Gerät erhalten. – d) Wir können Ihnen anbieten, den <u>defekten Apparat</u> zu <u>ersetzen</u>. – e) Sie können selbstverständlich Ihr <u>Geld zurückbekommen</u>. – f) Wir können Ihnen als Entschädigung einen <u>Preisnachlass</u> von 20 % <u>gewähren</u>.

3: wir bedauern, dass ... Dafür bitten wir Sie um Entschuldigung. Wir werden selbstverständlich die beschädigten Lampen ... austauschen.

N Zahlungserinnerung

1: h) Bamberg, 13.02.2009 – f) Zahlungserinnerung – e) Sehr geehrte ... – a) für die unten aufgeführten ... Verwendungszweck an – b) Sollten Sie den Betrag ... – c) Wenn Sie Fragen haben ... – g) Mit freundlichen Grüßen – i) Alois Knorm ... – d) Anlage ...

2:
(Ihr Ort), (das heutige Datum)

<u>Zahlungserinnerung</u>

<u>Sehr geehrter</u> Herr Fillinger,

für die <u>unten</u> angegebenen Posten <u>haben</u> wir bis heute noch <u>keine</u> Zahlung erhalten. <u>Bitte</u> überprüfen Sie die Aufstellung der noch ausstehenden Rechnungsbeträge und <u>überweisen</u> Sie den <u>Gesamtbetrag</u> auf unser Firmenkonto. Geben Sie <u>bitte</u> bei der Überweisung Ihre Kundennummer als <u>Verwendungszweck</u> an.
Wenn Sie den Betrag <u>bereits</u> überwiesen haben, sehen Sie bitte diese <u>Erinnerung</u> als gegenstandslos an. Bei Fragen erreichen Sie mich unter der <u>Telefonnummer</u> 04621/8310-13.

<u>Mit freundlichen</u> Grüßen
<u>(Ihr Vor- und Zuname)</u>

Kapitel 6

A Stellengesuch

2: Ich suche eine <u>Teilzeitstelle</u>. Ich habe <u>ausgezeichnete Computer-</u> und <u>Buchführungskenntnisse</u>. Ich kenne mich im <u>Rechnungs-</u> und <u>Mahnwesen</u> aus. Ich bin <u>teamfähig</u> und kann <u>selbstständig arbeiten</u>. Meine Telefonnummer ist: <u>0231/5578904</u>

3: Kaufmännische Angestellte, <u>engagiert</u> und <u>flexibel</u>, mit <u>langjähriger</u> Erfahrung im Geschäftsleitungs-Sekretariat, sucht <u>neue</u> Herausforderung ...

B Bewerbungschreiben

1: Checkliste für Bewerbungsschreiben:
- Anschreiben auf einer Seite?
- Absender oben links mit Name, Adresse, Telefonnummer (E-Mail-Adresse)?
- richtiges Datum (= Datum des Lebenslaufs)?
- Anschrift der Firma mit genauem Firmentitel?
- korrekte Stellen- oder Berufsbezeichnung und Fundort des Stellenangebots im Betreff?
- Betreffzeile fett formatiert?
- Ansprechperson (Personalchef) richtig und korrekt geschrieben?
- Mache ich deutlich, warum ich mich für meinen Wunschberuf entschieden habe, und begründe ich, warum ich mich genau in diesem Betrieb bewerbe?
- Habe ich meine bisherigen Erfahrungen im angestrebten Berufsfeld dargelegt (z. B. durch Praktika, Ferienarbeit ...)?

2: 1) Stellenanzeige – 2) mich – 3) bewerben – 4) vor – 5) nach – 6) Stelle – 7) eine – 8) zur – 9) als – 10) regelmäßigen – 11) abgelegt – 12) Team – 13) schnell – 14) Berufserfahrungen – 15) würde – 16) persönlichen

3: 1f, 2b, 3c, 4a, 5e, 6d

4:

Anzeige	Welche Ausbildung brauche ich für die Stelle?	Welche Qualifikationen / Eigenschaften brauche ich noch für die Stelle?	Wie sind die Arbeitsbedingungen (Arbeitszeit, Arbeitsplatz, ...) ?	Wer ist der Ansprechpartner?
1	*Krankenschwester/ –pfleger* Operationstechnische/r Assistent/in / Medizinische/r Fachangestellte/r	flexibel, teamfähig OP-Erfahrung	*Vollzeit Arbeitszeiten?*	Herr Dr. Holtmann
2	Realschulabschluss	Engagement, Zuverlässigkeit	zum 1.8.2009 Vollzeit (Auszubildende zum/r Großhandelskaufmann/-frau)	–
3	–	angenehme Stimme, gute Kenntnisse von Haushaltsgeräten und Unterhaltungselektronik, freundlich, teamfähig Erfahrung in telefonischer Kundenbetreuung Fremdsprachenkenntnisse (Englisch)	Vollzeit während der gewohnten Ladenöffnungszeiten	Harald Oertl (Personalabteilung)
4	Meister/Techniker Fachbereich Heizung/Sanitär; Geselle in einem bauhandwerklichen Beruf	Selbstständigkeit, Verantwortungsbewusstsein	zum nächstmöglichen Termin	Herr Martens (Technische Abteilung)

C Tabellarischer Lebenslauf

1: Check–Liste Lebenslauf:
- mit dem Computer geschrieben
- grafisch ansprechende Präsentation
- nicht mehr als zwei Seiten
- nicht mehr als 30 Zeilen pro Seite
- Zeilenabstand einzeilig
- Schriftgröße 10 bis 12 Punkt
- nur ein Schrifttyp
- gut lesbar (z. B. Arial)
- Überschrift größer und fett
- Foto rechts oben aufgeklebt
- Angaben zur Person nach Überschrift: Name, Anschrift, Telefonnummer, E–Mail-Adresse, Geburtsdatum, Geburtsort
- deutsche oder amerikanische Reihenfolge in der Auflistung
- Abschnitte: Schulbildung, Berufsausbildung, Studium, Berufserfahrung, Fortbildung
- Sonstiges (EDV, Sprachen, Führerschein, Hobbys/Interessen, Mitgliedschaften/Ehrenamt, Auszeichnungen)
- Abschnitte größer und fett?
- Zeitangabe: Monate und Jahre (10/02 – 02/05)
- Ort, Datum, handschriftliche Unterschrift

2: (3) Geburtsdatum, (5) Anschrift (6) Familienstand (7) Schulbildung (8) Berufsausbildung (9) Berufstätigkeit (10) Sprachen (11) EDV–Kenntnisse (12) Hobbys

D Kündigung

1: 1) 22. Februar 2006 – 2) 25. Januar 2009 – 3) 27. Januar 2009 – 4) 28. April 2009